Über dieses Buch »Einzig noch Literatur ... (ist) in der Lage, uns Erkenntnisse zu vermitteln, die nicht sofort in Waffen der Selbstvernichtung verkehrt werden können.« Literatur als zeitgemäße Erkenntnisquelle gegen blinde Fortschrittsgläubigkeit – unter diesem Motto versammelt Günter Kunert in seinem Lesebuch »scheinbar unvereinbare Lesefrüchte« von Italo Svevo bis Peter Huchel, von Jean Améry bis Walt Whitman, die keinem literarischen Kanon folgen, vielmehr zum Spiegelbild des skeptischen Individualisten Günter Kunert werden.

»Sehe ich mir nachträglich an, was sich mir unter der Hand zusammengereiht hat an Texten, wird ganz eindeutig klar, daß die Auswahl nicht allein nach ihrer ursprünglichen Eindrucksstärke, nach ihrem literarischen Wert vorgenommen wurde, sondern und selbstverständlich nach einem Prinzip, das durch die vorliegende Auswahl erst entborgen wird.

Und nur insoweit ist ›Mein Lesebuch‹ mein Lesebuch, als es mit unterschiedlichen und doch chorisch verbundenen Stimmen ein Grundthema rhapsodiert und variiert: Das Verschwinden des Menschen aus seiner eigenen Gattung, die als etwas zurückbleibt, für das wir keinen Begriff, keinen Namen haben, und das nur metaphorisch mittels des dichterischen Wortes umschrieben werden kann. In dieser Sammlung ist es vielfach zu lesen.« *Günter Kunert*

Der Autor Günter Kunert, 1929 in Berlin geboren, »behaftet mit einer staatlich verpfuschten Kindheit«, wird 1946/47 an der Hochschule für angewandte Kunst in Berlin-Weißensee immatrikuliert. Knappe fünf Semester währendes Studium. Erste Gedichte und Geschichten 1948. 1951/52 Bekanntschaft mit Brecht. Arbeit als Film- und Hörspielautor, Erzähler, Essayist und Lyriker. 1962 mit dem Heinrich-Mann-Preis der Akademie der Künste (Berlin-Ost), 1973 mit dem Johannes-R.-Becher-Preis für Lyrik ausgezeichnet. Im November 1976 schloß sich Kunert der Protestresolution gegen die Ausbürgerung von Wolf Biermann an. 1979 verließ er die DDR und lebt seitdem in der Bundesrepublik.

Im Fischer Taschenbuch Verlag liegen die folgenden Titel vor: ›Tagträume in Berlin und andernorts‹ (Bd. 1437), ›Im Namen der Hüte‹. Roman (Bd. 2085), ›Camera obscura‹ (Bd. 2108), ›Verlangen nach Bomarzo‹. ›Reisegedichte‹ (Bd. 5018), ›Hörspiele aus der DDR von Stephan Hermlin, Günter Kunert, Heiner Müller, Rolf Schneider u. a.‹. Hg. von Stefan Bodo Würffel (Bd. 7031).

Günter Kunert

Mein Lesebuch

Fischer
Taschenbuch
Verlag

Unter dem Titel ›Mein Lesebuch‹ veröffentlicht der Fischer Taschenbuch Verlag Anthologien, in denen Schriftsteller von heute ganz subjektiv ausgewählte Texte der Weltliteratur vorstellen.

Bereits erschienen:

Alfred Andersch, Bd. 2033
Joachim-Ernst Berendt, Bd. 5052
Heinrich Böll, Bd. 2077
Hubert Fichte, Bd. 1769
Max von der Grün, Bd. 2235
Peter Härtling, Bd. 2198
Walter Kempowski, Bd. 2182
Luise Rinser, Bd. 2207
Wolf Wondratschek, Bd. 5269

In Vorbereitung:

Michael Ende
Franz Fühmann
Pavel Kohout

Originalausgabe
Fischer Taschenbuch Bd. 5760
März 1983
Fischer Taschenbuch Verlag GmbH, Frankfurt am Main
Für diese Auswahl:

Umschlagentwurf: Jan Buchholz / Reni Hinsch
unter Verwendung eines Fotos von Isolde Ohlbaum
Gesamtherstellung: Hanseatische Druckanstalt GmbH, Hamburg
Printed in Germany
980-ISBN-3-596-25760-3

Inhalt

GÜNTER KUNERT

Mein Lesebuch

Absichtslos und mit der dazugehörigen Unschuld wird der Leser durch diesen Titel mit seinem unausweichlich programmatischen Pronomen auf eine falsche Spur geführt. Weil er, der Titel, vorgibt, eine verbindliche Leseerfahrung zu liefern. Das freilich ist und bleibt ein Irrtum.
Sehe ich mir nachträglich an, was sich mir da unter der Hand zusammengereiht hat an Texten, wird ganz eindeutig klar, daß die Auswahl nicht allein nach ihrer ursprünglichen Eindrucksstärke, nach ihrem literarischen Wert vorgenommen wurde, sondern und selbstverständlich nach einem Prinzip, das durch die vorliegende Kombination erst entborgen wird.
Und nur insoweit ist »Mein Lesebuch« mein Lesebuch, als es mit unterschiedlichen und doch chorisch verbundenen Stimmen ein Grundthema rhapsodiert und variiert: das Verschwinden des Menschen aus seiner eigenen Gattung, die als etwas zurückbleibt, für das wir keinen Begriff, keinen Namen haben, und das nur metaphorisch mittels des dichterischen Wortes umschrieben werden kann. In dieser Sammlung ist es vielfach zu lesen.
Stimmen außerdem, die ich beim Lesen zu hören meine; die derart identisch mit meiner klingen, daß ich nicht weiß, ob sie sich meiner Stimme bedienen, um für mich vernehmbar und nahe zu sein, oder ob ich tatsächlich aus dem Duktus der zum Druckbild abstrahierten Sprache den fremden Klang mir aneigne.
Scheinbar unvereinbare »Lesefrüchte« sind nebeneinandergesetzt: solche aus meiner Jugend, fast Kindheit, wie etwa die durch Gustav Meyrink mystisch nacherzählte Legende vom Golem, die mich bis zu tiefen Verängstigungen bewegt hat. Davon bin ich nie losgekommen. In diesem düsteren Mythos, in dem sich »der Menschheit bester Teil« ausdrückt, wie ein hier weggelassener Autor es genannt hat, begreife ich auch heute noch Fundamentales: die blinde und damit tödliche

Wirksamkeit menschengeschaffener und verselbständigter Instrumentalität. Die Geschichte vom Golem ist keineswegs zu Ende. Ihr Ausgang jedoch, wie zu fürchten steht, ist kaum zweifelhaft, denn er folgt nicht dem vorgegebenen Muster. Es ist kein Happy-End, das sich ankündigt. Worauf die Legende noch optimistisch hinsteuert, auf den Triumph der glaubensgewissen Spiritualität über die zerstörerische, geistlose Technik, ist keinesfalls mehr gewiß. Eher haben sich die Positionen – nicht zuletzt durch die effizienten Verbrechen unserer Epoche – mit Naturgewalt umgekehrt: Golem siegt heute allerorten. Er ist die frühe und ahnungsvolle Personifikation dessen, was uns tagtäglich zustößt.

Andere Schriftsteller, die mein eigenes Schreiben direkter bestimmt und beeinflußt haben, sind entweder Lyriker oder/ und Prosaisten, die höchst intensive und dichte Kurzprosa schufen. Der Baudelaire der »Kleinen Gedichte in Prosa« beeindruckte mich Ende der vierziger Jahre weitaus mehr als der so stark formalisierende Lyriker. Die Lakonie Carl Sandburgs und der Schwung Walt Whitmans entsprachen meinem damaligen Empfinden. In jenen Jahren nach Kriegsende, in den Jahren der »Kahlschlagliteratur«, fand ich meine verschwommenen Intentionen in der fast prosaartigen Knappheit des einen und in der »gebremsten« Euphorie des anderen wieder. Scheinbare Widersprüche, die aber nichts anderes belegen als die Widersprüchlichkeit meines einstigen Lebensgefühls. Darin vermengten sich Nüchternheit und Skepsis mit Hoffnung und Zukunftsgläubigkeit, ganz synchron den anarchischen Zügen jener Zeit, unserer letzten, verspielten Chance. Es ist im übrigen eine vergebliche Suche nach einem gewesenen Selbst, das man an seiner ehemaligen Lektüre abzulesen hofft, ohne es doch wirklich wiederaufspüren zu können. Nur ein Hauch davon lebt noch und atmet uns aus den Texten an, die man vor Ewigkeiten mit der Hingabe eines Gnostikers an die sakralen Schriften las. Proust hat uns ja in den »Tagen des Lesens« die Begabung des jungen Menschen zur »Transsubstantion« in Lesestoff geschildert. Das freilich verliert sich im Laufe des Lese-Lebens mehr und mehr, und auch das ist eine Erfahrung, die man durch und an Literatur macht: Uns bewegt immer weniger immer schwächer. Oder bloß noch, was in eindeutiger Beziehung zu unserer Biographie steht. Und dennoch: Gegen solche allgemeingültige Erfahrung gestehe ich, daß kein anderes Stück Prosa mich dermaßen erschüttert hat wie Musils »Fliegenpapier«, das ja »nur« ein Gleichnis zu sein scheint. Es ist der entsetzlichste Text, den ich kenne – bereits über die Grenzen des zu sagen Erlaubten hinaus. Diesen anderthalb Seiten werden weder ästhetische, noch literarhistorische, noch philosophische Kriterien und Kategorien gerecht. In diesen Sätzen verlebendigt sich, was man mit großem inneren Widerstand und im Bewußtsein des Mißverstandenwerdens als »Animismus« bezeichnen muß, mit einer Gewalt und Eindringlichkeit, daß man davon anhaltend betroffen ist. Kein anderer Text verletzt dermaßen das Tabu. Er spricht das nur Geahnte aus – wenngleich als Bild, da Wahrheit anders nicht sagbar ist. Was zugleich ihren Schutz bedeutet.

Einzig noch Literatur, insbesondere Lyrik oder doch lyrikartige Schreibweisen sind in der Lage, uns Erkenntnisse zu vermitteln, die nicht sofort in Waffen der Selbstvernichtung verkehrt werden können. Was es mit uns auf sich hat, darüber läßt uns zwangsläufig jede Wissenschaft, jede Anthropologie, jede Gesellschaftstheorie im unklaren: Wir sind zwar meßbar, aber nur physisch, erfaßbar, aber nur funktionsGERECHT. Doch daß wir zum Unermeßlichen befähigt zu sein uns wünschen und uns erträumen, das fällt durch die jeweilige Versuchsanordnung, die natürlich immer zu unserem Wohle vorgenommen wird: Nur – wir fallen mit.

Zum Schluß sei gesagt, daß, wie nicht anders möglich, eine Anzahl von Büchern und Schriftstellern, denen ich vieles verdanke, durch kein Zitat in dieser Anthologie aufzunehmen waren: Die Gefahr des Auseinanderfließens zeichnete sich ab. Aber wenigstens die Namen als Empfehlung für den Leser will ich nicht verschwiegen haben; so nenne ich kunterbunt und regellos Edgar Lee Masters, Sinclair Lewis, Franz Hessel, Norbert Elias, Klabund, Joachim Ringelnatz, Ana Novac, Jorge Semprun, Mark Twain, Isaak Babel, Larissa Reissner, Slawomir Mrozek, Heinrich von Kleist, Heinrich Heine, Hans Christian Andersen, Arno Schmidt. Und schließe mit Zögern, überzeugt davon, viel zu viele ungewollt auszuschließen.

Günter Kunert

ITALO SVEVO

Zeno Cosini

Einleitung

Meine Kindheit betrachten? Mehr als fünf Jahrzehnte liegen zwischen mir und ihr. Vielleicht aber könnten meine Augen, weitsichtig geworden, dennoch bis zu ihr dringen, wenn ihre Helligkeit nicht durch Berge verdunkelt wäre, die unüberwindlich dazwischen liegen: all die Jahre und manche Stunde meines Lebens.
Der Arzt hat mir folgendes angeraten: »Nicht immer in die Ferne schweifen. Die allerletzten Eindrücke sind ebenso wichtig, vor allem die Einfälle und die Träume der letzten Nacht.« – Nun, etwas Ordnung kann auf keinem Fall schaden – und, um *ab ovo* zu beginnen: ich kaufte mir gleich nach dem Besuch beim Arzt eine Abhandlung über Psychoanalyse und las sie durch. Sie war nicht schwer zu verstehen, aber langweilig. Indes, ich dachte dem Arzt, der dieser Tage Triest für längere Zeit verläßt, seine Aufgabe zu erleichtern.
Nach dem Mittagessen. Bequem im Klubsessel ausgestreckt, halte ich ein Stück Papier und den Bleistift in Händen. Meine Stirn hat keine Falten. Ich tue mir nicht den geringsten Zwang an. Meine Gedanken erscheinen von mir losgelöst. Beinahe kann ich sie sehen. Sie steigen, fallen … Das ist alles, was sie tun. Ich mahne sie an ihre Pflicht, deutlicher zu werden, indem ich den Bleistift erhebe. Meine Stirn faltet sich sofort: Aus wieviel Buchstaben besteht doch jedes Wort! Das Gegenwärtige schließt sich gebieterisch um mich, das Vergangene verschwindet.
Gestern versuchte ich, mich völlig gehen zu lassen. Die Folge war ein tiefer Schlaf und das Ergebnis eine gewisse Erfrischung und das eigenartige Gefühl, im Schlaf etwas Bedeutsames erlebt zu haben. Aber es blieb vergessen, unwiederbringlich verloren.
Der Bleistift in meiner Hand hält mich heute wach. Ich sehe, ich erkenne seltsame Erscheinungen, die keinen Zusammen-

hang mit meiner Vergangenheit haben können: eine Lokomotive, die keuchend eine Steigung überwindet und unzählige Waggons hinter sich herschleppt. Wer weiß, woher sie kommt, wohin sie geht, warum sie plötzlich da ist!
Im Halbtraum ist mir, als hätte ich in jener Abhandlung gelesen, daß man nach dieser Methode die früheste Kindheit, die Zeit der Windeln, in sich wieder wachrufen könne. Sofort sehe ich auch ein Wickelkind; aber warum soll ich das sein? Es sieht mir wahrlich nicht ähnlich. Es scheint mir eher das Kleine meiner Schwägerin zu sein, wenige Wochen alt, das als Wunder gilt, weil es so kleine Hände und so große Augen hat. Das Arme! Ah, und jetzt soll ich mich gar an meine eigene Kindheit erinnern? Ja ich finde nicht einmal den Weg zu dir, das du deine eigene lebst, um dir zu sagen, wie wichtig es für deine Intelligenz und deine Gesundheit wäre, nichts zu vergessen. Wann wirst du so weit sein zu wissen, daß man alle Ereignisse seines Lebens im Gedächtnis behalten muß, auch jene, die man gerne vergessen möchte? Jetzt bist du noch unbewußt auf der Suche nach Lustgewinn in deinem kleinen Körper. Aber Erkenntnisse, die dir süß erscheinen, werden dir bitteres Leid und Krankheit bringen; auch die Menschen, die heute nur dein Bestes wollen, werden dazu beitragen. Wie helfen? Eine Wiege kann man nicht vor allem schützen. Sonderbar sind die Dinge, mein Kleines, die in dir vorgehen. Jede flüchtige Minute fügt ein neues Bild hinzu. Nicht jede dieser Minuten kann rein sein, wahrscheinlich stecken viele Leiden schon in dir. Und dann: Du bist verwandt mit denen, die mit mir verwandt sind. Sollten auch die Minuten rein sein, die du jetzt lebst, so waren es keinesfalls die Jahrhunderte, die dich vorbereitet haben.
Das sind wirklich keine Gedanken, die mich einschläfern könnten. Im Gegenteil. Morgen will ich es wieder mit dem Schreiben versuchen.

FRANZ KAFKA

Tagebücher

Varianten

[...]
Oft überlege ich es und lasse den Gedanken ihren Lauf, ohne mich einzumischen, aber immer komme ich zu dem Schluß, daß mich meine Erziehung mehr verdorben hat, als ich es verstehen kann. In meinem Äußern bin ich ein Mensch wie andere, denn meine körperliche Erziehung hielt sich ebenso an das Gewöhnliche, wie auch mein Körper gewöhnlich war, und wenn ich auch ziemlich klein und etwas dick bin, gefalle ich doch vielen, auch Mädchen. Darüber ist nichts zu sagen. Noch letzthin sagte eine etwas sehr Vernünftiges: »Ach, könnte ich Sie doch einmal nackt sehn, da müssen Sie erst hübsch und zum Küssen sein.« Wenn mir aber hier die Oberlippe, dort die Ohrmuschel, hier eine Rippe, dort ein Finger fehlte, wenn ich auf dem Kopf haarlose Flecke und Pockennarben im Gesicht hätte, es wäre noch kein genügendes Gegenstück meiner innern Unvollkommenheit. Diese Unvollkommenheit ist nicht angeboren und darum desto schmerzlicher zu tragen. Denn wie jeder habe auch ich von Geburt aus meinen Schwerpunkt in mir, den auch die närrischeste Erziehung nicht verrücken konnte. Diesen guten Schwerpunkt habe ich noch, aber gewissermaßen nicht mehr den zugehörigen Körper. Und ein Schwerpunkt, der nichts zu arbeiten hat, wird zu Blei und steckt im Leib wie eine Flintenkugel. Jene Unvollkommenheit ist aber auch nicht verdient, ich habe ihr Entstehn ohne mein Verschulden erlitten. Darum kann ich in mir auch nirgends Reue finden, soviel ich sie auch suche. Denn Reue wäre für mich gut, sie weint sich ja in sich selbst aus, sie nimmt den Schmerz beiseite und erledigt jede Sache allein wie einen Ehrenhandel; wir bleiben aufrecht, indem sie uns erleichtert.

Meine Unvollkommenheit ist, wie ich sagte, nicht angeboren,

nicht verdient, trotzdem ertrage ich sie besser, als andere unter großer Arbeit der Einbildung mit ausgesuchten Hilfsmitteln viel kleineres Unglück ertragen, eine abscheuliche Ehefrau zum Beispiel, ärmliche Verhältnisse, elende Berufe, und bin dabei keineswegs schwarz vor Verzweiflung im Gesicht, sondern weiß und rot.

Ich wäre es nicht, wenn meine Erziehung so weit in mich gedrungen wäre, wie sie wollte. Vielleicht war meine Jugend zu kurz dazu, dann lobe ich ihre Kürze noch jetzt in meinen Vierzigerjahren aus voller Brust. Nur dadurch war es möglich, daß mir noch Kräfte bleiben, um mir der Verluste meiner Jugend bewußt zu werden, weiter, um diese Verluste zu verschmerzen, weiter, um Vorwürfe gegen die Vergangenheit nach allen Seiten zu erheben und endlich ein Rest von Kraft für mich selbst. Aber alle diese Kräfte sind wieder nur ein Rest jener, die ich als Kind besaß und die mich mehr als andere den Verderbern der Jugend ausgesetzt haben, ja ein guter Rennwagen wird vor allem von Staub und Wind verfolgt und überholt, und seine Räder fliegen über die Hindernisse, daß man fast an Liebe glauben sollte.

Was ich jetzt noch bin, wird mir am deutlichsten in derKraft, mit der die Vorwürfe aus mir herauswollen. Es gab Zeiten, wo ich in mir nichts anderes als von Wut getriebene Vorwürfe hatte, daß ich bei körperlichem Wohlbefinden mich auf der Gasse an fremden Leuten festhielt, weil sich die Vorwürfe in mir von einer Seite auf die andere warfen, wie Wasser in einem Becken, das man rasch trägt.

Jene Zeiten sind vorüber. Die Vorwürfe liegen in mir herum wie fremde Werkzeuge, die zu fassen und zu heben ich kaum den Mut mehr habe. Dabei scheint die Verderbnis meiner alten Erziehung mehr und mehr in mir von neuem zu wirken, die Sucht, sich zu erinnern, vielleicht eine allgemeine Eigenschaft der Junggesellen meines Alters, öffnet wieder mein Herz jenen Menschen, welche meine Vorwürfe schlagen sollten, und ein Ereignis wie das gestrige, früher so häufig wie das Essen, ist jetzt so selten, daß ich es notiere.

Aber darüber hinaus noch bin ich selbst, ich, der jetzt die Feder weggelegt hat, um das Fenster zu öffnen, vielleicht die beste Hilfskraft meiner Angreifer. Ich unterschätze mich nämlich, und das bedeutet schon ein Überschätzen der andern, aber ich überschätze sie noch außerdem. Und abgesehen davon, schade ich mir noch geradeaus. Überkommt mich Lust zu Vorwürfen, schaue ich aus dem Fenster. Wer leugnet es, daß dort in ihren Booten die Angler sitzen, wie Schüler, die man aus der Schule auf den Fluß getragen hat; gut, ihr Stillehalten ist oft unverständlich, wie jenes der Fliegen auf den Fensterscheiben. Und über die Brücke fahren die Elektrischen, natürlich wie immer mit vergröbertem Windesrauschen und läuten wie verdorbene Uhren, kein Zweifel, daß der Polizeimann, schwarz von unten bis hinauf, mit dem gelben Licht der Medaille auf der Brust, an nichts anderes als an die Hölle erinnert und nun mit Gedanken, ähnlich den meinen, einen Angler betrachtet, der sich plötzlich – weint er, hat er eine Erscheinung oder zuckt der Kork? – zum Bootsrand bückt. Das alles ist richtig, aber zu seiner Zeit, jetzt sind nur die Vorwürfe richtig.

Sie gehn gegen eine Menge Leute, das kann ja erschrecken, und nicht nur ich aus dem offenen Fenster, auch jeder andere würde lieber den Fluß ansehn. Da sind die Eltern und die Verwandten. Daß sie mir aus Liebe geschadet haben, macht ihre Schuld noch größer, denn wie sehr hätten sie mir aus Liebe nützen können; dann befreundete Familien mit bösem Blick, aus Schuldbewußtsein machen sie sich schwer und wollen nicht in die Erinnerung hinauf; dann die Haufen der Kindermädchen, derLehrer und der Schriftsteller und eine ganz bestimmte Köchin mitten unter ihnen, dann, zur Strafe ineinander übergehend, ein Hausarzt, ein Friseur, ein Steuermann, eine Bettlerin, ein Papierverkäufer, ein Parkwächter, ein Schwimmeister, dann fremde Damen aus dem Stadtpark, denen man es gar nicht ansehn würde, Eingeborene der Sommerfrischen als Verhöhnung der unschuldigen Natur und viele andere; aber es wären noch mehr, wenn ich sie alle mit Namen nennen wollte und könnte, kurz, es sind so viele, daß man achtgeben muß, daß man nicht einen zweimal nennt.

Ich überlege es oft und lasse den Gedanken ihren Lauf, ohne mich einzumischen, aber immer komme ich zu dem gleichen Schluß, daß die Erziehung mich mehr verdorben hat als alle Leute, die ich kenne, und mehr als ich begreife. Doch kann ich das nur einmal von Zeit zu Zeit aussprechen, denn fragt man mich danach: »Wirklich? Ist das möglich? Soll man das

glauben?« schon suche ich es aus nervösem Schrecken einzuschränken.
Außen schaue ich wie jeder andere aus; habe Beine, Rumpf und Kopf, Hosen, Rock und Hut; man hat mich ordentlich turnen lassen, und wenn ich dennoch ziemlich klein und schwach geblieben bin, so war das eben nicht zu vermeiden. Im übrigen gefalle ich vielen, selbst jungen Mädchen, und denen ich nicht gefalle, die finden mich doch erträglich.

MARCEL PROUST

Auf der Suche nach der verlorenen Zeit

[...]

Während meine Tante mit Françoise diesen Gedankenaustausch pflog, begleitete ich meine Eltern zum Gottesdienst. Wie liebte ich diese Kirche, und wie deutlich sehe ich sie noch vor mir! Das alte, schwarze, pockennarbige Portal, durch das wir eintraten, war an den Seiten ausgebuchtet und abgewetzt (genau wie ein Weihwasserbecken, an das sie uns führte), so als ob das leichte Tücherstreifen der Bäuerinnen beim Eintreten und die Berührung ihrer scheuen Finger, wenn sie Weihwasser entnahmen, in ihrer Wiederholung durch die Jahrhunderte hindurch eine zerstörerische Kraft bekommen, die Steine zur Seite gedrängt und sie mit Furchen durchzogen hätten, wie sie die Räder der Bauernwagen in den Randstein schleifen, gegen den sie alle Tage im Vorbeifahren stoßen. Die Grabsteine in der Kirche, unter denen der edle Staub der Äbte von Combray, die dort begraben waren, im Chor eine Art von geistlicher Untermauerung schuf, waren selbst schon keine leblose, harte Materie mehr, denn die Zeit hatte sie mürbe gemacht und eine honigartige Substanz aus ihren Quadern gezogen, die sie mit blondem Schimmer umfloß und in ihr unmerklich leichtes Strömen hier eine rankengeschmückte gotische Letter und dort den weißlichen Veilchenton des Marmors hineingesogen und halb ausgelöscht hatte; darüber hinaus waren sie an anderen Stellen gleichsam geschrumpft, hatten die abgekürzte lateinische Inschrift noch mehr zusammengezogen und die Anordnung der nur andeutenden Chiffren noch launenhafter gestaltet, indem sie zwei Buchstaben eines Wortes willkürlich aneinanderrückten, während andere durch einen unangemessenen Zwischenraum getrennt wurden. Die Fenster derKirche waren nie farbenprächtiger als an Tagen, da die Sonne nur wenig schien, so daß man, wenn es draußen bedeckt war, sicher sein konnte, in der Kirche werde es um so schöner sein; das eine wurde in seiner ganzen Größe von einer einzigen Person ausgefüllt, die wie ein Kartenkönig aussah und dort oben unter einem Steinbaldachin zwischen Himmel und Erde ihr Dasein fristete (in seinem blauen, schräg einfallenden Licht sah man manchmal an Wochentagen gegen Mittag, wenn kein Gottesdienst war – zu einer jener seltenen Stunden, wenn die Kirche, wohlgelüftet, leer, menschlich nähergerückt und geradezu luxuriös, mit dem Sonnenschein auf dem reichen Mobiliar beinahe wohnlich wirkte wie die mit Steinornamenten und buntem Glas geschmückte Halle eines Hotels im gotischen Stil –, Madame Sazerat einen Augenblick niederknien, nachdem sie zuvor auf dem benachbarten Betstuhl ein gut verschnürtes Paket mit Petits fours abgelegt hatte, die sie beim Konditor gegenüber gekauft und die sie zum Mittagessen mit nach Hause nehmen wollte), ein anderes stellte ein mit rosa Schnee bedecktes Gebirge dar, an dessen Fuß eine Schlacht geliefert wurde; es schien mit seinem Reif das Glaswerk selbst vereist und mit einer undurchsichtigen Hagelschicht überzogen zu haben, so daß es aussah wie eine Scheibe, an der hängengebliebene Schneeflocken von irgendeinem Morgenschimmer rosig angehaucht wären (von dem gleichen vermutlich, der die Altarwand mit so frischen Tönen versah, daß es schien, als stammten sie von einem flüchtig von außen einfallenden Licht und nicht aus den für alle Zeit auf den Stein gemalten Farben); alle waren so ehrwürdig, daß man hier und da ihr Alter im Staub der Jahrhunderte schimmern sah und ihr weiches Glasgewebe wie blank und fadenscheinig wirkte. Eines von ihnen war ein hohes Fächerwerk, das aus unzähligen, kleinen, rechteckigen, vorwiegend blauen Scheiben bestand, und das einem riesigen Kartenspiel glich, wie man es einst für König Karl VI. zu seiner Zerstreuung erfunden hatte; aber sei es, daß ein Sonnenstrahl aufgeblitzt war, sei es, daß mein Blick selbst durch seine Bewegung, es abwechselnd entzündend und zum Erlöschen bringend, eine gleitende, köstliche Feuersbrunst über das Fenster hintrug – einen Augenblick später hatte es den leuchtenden Changeantton einer Pfauenschleppe angenommen, dann zitterte und wogte es in einem phantastischen Flammenregen, der aus der Höhe der düsteren, felsigen Wölbung kam und an den feuchten Wänden niederrieselte, als sei es das Schiff einer von spitzbogigen Stalaktiten schimmernden Grotte, in die ich meine das Meßbuch tragenden Eltern hineinbegleitete; noch einen Augenblick später hatten die kleinen Rautenfenster die tiefe Transparenz, die unverwüstliche Härte von symmetrisch auf einem ungeheuren Brustschild angeordneten Saphiren angenommen, hinter denen man aber, beglückender als alle diese Schätze, ein flüchtiges Sonnenlächeln erriet; es war ebenso deutlich erkennbar in dem sanften blauen Strom, mit dem es das Steinwerk badete, wie auf dem Pflaster des Platzes oder dem Stroh, das auf dem Marktplatz liegengeblieben war, und selbst an den ersten Sonntagen nach unserer Ankunft vor Ostern tröstete es mich darüber, daß die Erde noch nackt und schwarz dalag, durch den historischen Frühling aus der Zeit der Nachfolger Ludwigs des Heiligen, den es auf dem goldenleuchtenden und vergißmeinnichtblauen Teppich aus Glas aufblühen ließ.

Zwei Haute-lisse-Gobelins stellten die Krönung der Esther dar (die Überlieferung behauptete, Ahasverus trage die Züge eines Königs von Frankreich und Esther die einer Edlen von Guermantes, in die er verliebt gewesen sei), denen ihre verblassenden Farben einen veränderten Ausdruck, eine erhöhte Plastik und eine neue Art von Beleuchtung gegeben hatte: Etwas Rosiges schwebte auf den Lippen Esthers und um ihre Umrißlinien her; das Gelb ihres Kleides breitete sich so weich und ölig aus, daß es dadurch eine Art von Konsistenz bekam und sich lebhaft aus der dahinter zurücktretenden Atmosphäre abhob; das Grün der Bäume aber, das in den unteren Partien des Panneaus aus Wolle und Seide frisch im Ton geblieben, in den oberen aber ›verschossen‹ war, ließ oberhalb der düstern Stämme die hohen, ins Gelbliche spielenden Zweige, die durch das unvermittelt von der Seite einfallende Licht einer unsichtbaren Sonne vergoldet und fast ausgelöscht waren, in zarter Blässe hervortreten. Alles das und mehr noch die Kostbarkeiten, die der Kirche von Personen zugekommen waren, die für mich einen legendären Charakter hatten (das goldene Kreuz, das, wie es hieß, vom heiligen Eligius selbst gefertigt und vom König Dagobert gestiftet war, das Grab der Söhne Ludwigs des Deutschen aus Porphyr und Kupfer mit Emailauflage) und um derentwillen ich zu unserem Platz in der Kirche ging wie durch ein von Feen bewohntes Tal, in dem der Landmann mit Staunen an einem Felsen, einem Baum, einem Teich die noch greifbare Spur ihres geisterhaften gelegentlichen Erscheinens erkennt; alles das machte sie zu einer Sache, die völlig verschieden war von der übrigen Stadt, zu einem Bauwerk, das sozusagen einen vierdimensionalen Raum einnahm – die vierte Dimension war die der Zeit – und das mit seinem durch die Jahrhunderte gleitenden Schiff von einer Empore, einer Kapelle zur anderen nicht nur einige Meter zu durchmessen und zu überwinden schien, sondern aufeinanderfolgende Epochen, aus denen sie siegreich hervorgegangen war; das rauhe und wilde elfte Jahrhundert verbarg es in der Dicke seiner Mauern, innerhalb deren es mit seinen schweren, von groben Bruchsteinen verdeckten und abgeblendeten Deckenbogen einzig an dem tiefen Einschnitt für die Treppe zum Glockenturm sichtbar wurde, selbst da aber hinter anmutigen gotischen Arkaden versteckt, die sich kokett davorschoben, etwa so wie große Schwestern lächelnd vor einen ungehobelten, mißlaunigen schlecht gekleideten kleinen Bruder treten, den sie den Augen der Fremden verbergen wollen. In den Himmel über dem Kirchplatz reckte sie ihren Turm, der schon Ludwig den Heiligen gesehen hatte und ihn noch immer zu sehen schien; in ihre Krypta vordringend wie in merowingisches Vorzeitdunkel führten uns Theodor und seine Schwester unter der düstern und wie die Flügel einer Riesenfledermaus von mächtigen Rippen durchzogenen Wölbung hindurch mit einer Kerze in der Hand zum Grabe der kleinen Tochter Sigeberts, auf dem eine tiefe Einbuchtung – wie die Fährte eines Riesenfossils – dem Vernehmen nach ›von einer Kristallampe herrührte, die am Abend der Ermordung der fränkischen Königstochter sich von selbst aus den goldenen Ketten gelöst hatte, an denen sie an der Stelle der heutigen Apsis hing, und die, ohne daß das Kristall zerbrach oder die Flamme erlosch, sich in den weich unter ihr nachgebenden Stein hineingesenkt hatte‹.

Die Apsis der Kirche von Combray – kann man darüber etwas sagen? Sie war so plump, es fehlte ihr sowohl an künstlerischer Schönheit wie an religiöser Inbrunst. Von außen gesehen, erhob sich ihr grobes Mauerwerk über einer etwas tiefer gelegenen Straßenkreuzung auf einem Unterbau aus unbehauenen Steinen, der von spitzen Kieseln starrte und nichts spezifisch Kirchliches besaß, die Fenster schienen außerordentlich hoch angebracht, und das Ganze sah mehr wie eine Gefängnismauer denn wie eine Kirche aus. Gewiß wäre mir auch später, wenn ich mich an alle die großartigen

Chornischen erinnerte, die ich gesehen hatte, niemals der Gedanke gekommen, die Apsis von Combray ihnen zur Seite zu stellen. Immerhin bemerkte ich eines Tages in einer kleinen Provinzstadt hinter der Kreuzung dreier Straßen eine unansehnliche und übermäßg hohe Mauer mit hochgelegenen Kirchenfenstern, die den gleichen unsymmetrischen Anblick bot wie die Apsis von Combray. Ich aber habe nicht danach gefragt, wie in Chartes oder in Reims, ob sich darin ein mehr oder weniger machtvolles religiöses Gefühl bekundete, sondern rief nur unwillkürlich aus: »Die Kirche!«

Die Kirche! Vertraut, in der Rue Saint-Hilaire, auf die das Nordportal ging, unmittelbar und ohne Zwischenraum zwischen zwei Nachbarhäusern gelegen, der Apotheke von Monsieur Rapin und Madame Loiseaus Haus, war sie selbst eine schlichte Bürgerin der Stadt, die, wären die Häuser in den Straßen von Combray numeriert gewesen, es ebenfalls hätte sein können; man hätte sich nicht gewundert, wenn der Briefträger auf seinem Bestellgang jeden Morgen, wenn er von Monsieur Rapin kam und bevor er sich zu Madame Loiseau begab, auch bei ihr eingetreten wäre; und dennoch bestand zwischen ihr und allem, was nicht sie war, eine Trennungslinie, die mein Geist niemals überschritt. So hatten zum Beispiel die Fuchsienstöcke vor Madame Loiseaus Fenster die leidige Angewohnheit, ihre hängenden Zweige nach allen Seiten auszusenden, und die Blüten hatten dann nichts Eiligeres zu tun, als, sobald sie groß genug dazu waren, ihre drallen violetten Backen an die düstere Kirchenfront zu lehnen; aber niemals wurden die Fuchsien in meinen Augen dadurch von dem sakralen Charakter der Kirche miterfaßt; zwischen den Blumen und dem altersgrauen Stein, an den sie sich schmiegten, konnte mein Blick vielleicht den Abstand nicht mehr erkennen, doch mein Geist schuf zwischen ihnen eine tiefe Kluft.

Den Glockenturm von Saint-Hilaire nahm man schon von sehr weither war, denn er zeichnete sein unvergeßliches Bild bereits in den Horizont, bevor noch Combray den Blicken erschien; wenn von dem Zuge aus, der uns in der Woche vor Ostern aus Paris herbeitrug, mein Vater ihn bemerkte, wie er abwechselnd rechts und links auf dem sichtbaren Streifen Himmel erschien und seinen kleinen blechernen Wetterhahn nach allen Seiten der Windrose wendete, sagte er jedesmal:

›Los jetzt, nehmt eure Decken, wir sind angekommen.‹ Und auf einem unserer ausgedehnteren Spaziergänge von Combray aus gab es eine Stelle, wo die vorher enger werdende Straße sich plötzlich auf ein weites Plateau öffnete, das am Horizont von sturmzerfetzten Wäldern eingefaßt war, über die einzig die feine Spitze des Glockenturms von Saint-Hilaire sich erhob, so schmal, so rosigzart, daß sie nur mit dem Nagel auf den Himmel eingeritzt schien in der Absicht, auf diese Landschaft, die aus nichts als Natur bestand, ein kleines Zeichen von Kunst, eine einzige Note menschlicher Anwesenheit zu setzen. Wenn man näher kam und den Rest des viereckigen halbzerstörten Turms wahrnehmen konnte, der in geringerer Höhe neben ihm aufragte, so fiel einem besonders der düsterrötliche Ton der Steine auf; an einem nebligen Herbstmorgen würde man gemeint haben, es erhebe sich mitten zwischen den violetten Gewittertönen der Weinberge eine Ruine von der Purpurfärbung etwa des wilden Weins.

Wenn wir nach Hause gingen, hieß mich meine Großmutter oft auf dem Platz einen Augenblick stehenbleiben und diesen Turm betrachten. Aus seinen Fenstern, die paarweise übereinanderstanden mit jenem richtigen und echten Maß in den Entfernungen, das nicht nur menschlichen Gesichtern Schönheit und Würde verleiht, entließ er in regelmäßigen Intervallen Schwärme von Raben, die ihn einen Augenblick krächzend umkreisten, als seien die alten Steine, die, ohne sie zu sehen, ihr Treiben duldeten, mit einem Male unbewohnbar geworden und hätten sie, eine unendlich sich fortsetzende Bewegung damit auslösend, geschlagen und von sich gestoßen. Nachdem sie dann nach allen Richtungen hin den violetten Samt der Abendluft mit Streifen überzogen hatten, kehrten sie zu dem Turm, der, eben noch unheilkündend, auf einmal wieder glückbringend schien, zurück und verschwanden darin; höchstens nach einem Insekt schnappend, sonst aber regungslos, saßen sie dann auf der Spitze einer der Fialen, so wie eine Möwe plötzlich im Fluge einhält und mit der Unbeweglichkeit eines Anglers auf der Schaumkrone einer Welle hockt. Ohne recht zu wissen, warum, glaubte meine Großmutter, an dem Glockenturm von Saint-Hilaire jenes aller Gewöhnlichkeit, aller Anmaßung, allem Kleinlichen Abholde zu entdecken, um dessentwillen sie auch die Natur liebte und sie voll heilsamer Kräfte glaubte überall da, wo die Hand des Menschen sie nicht – wie der Gärtner meiner Großtante – verkleinert hatte, wobei sie die Werke der großen Genien ihr zur Seite stellte. Sicher war, daß jeder sichtbare Teil der Kirche sie von jedem anderen Bauwerk durch einen Gedankengehalt unterschied, von dem sie tief durchdrungen schien; aber ganz besonders in ihrem Glockenturm schien sie ein Bewußtsein ihrer selbst zu entfalten, eine individuelle, verantwortungsvolle Existenz. Er sprach gewissermaßen für sie. Ich glaube vor allem, daß meine Großmutter in diesem Glockenturm von Combray undeutlich das verspürte, was für sie der höchste Wert auf Erden war: Natürlichkeit mit Distinktion gepaart. Unbewandert in Dingen der Baukunst pflegte sie zu sagen: ›Kinder, ihr könnt über mich lachen, wenn ihr wollt, er ist vielleicht nach den Regeln nicht schön, aber seine alte bizarre Erscheinung gefällt mir nun einmal. Ich bin sicher, daß er, wenn er Klavier spielte, nie ausdruckslos spielen würde.‹ Und wenn sie ihn anschaute und ihr Blick der sanften Spannung und dem leidenschaftlichen Schwung dieser steinernen Schrägen folgte, die oben schmal ineinanderliefen wie zwei betende Hände, so wurde sie so sehr eins mit dem Aufwärtsstreben der Spitze, daß ihr Blick mit ihr sich in die Höhe zu schwingen schien; gleichzeitig lächelte sie freundlich den alten abgenutzten Steinen zu, deren obersten Teil noch die Abendsonne erhellte und die von der Stelle an, wo sie in diese besonnte Zone hineinreichten, vom Lichte gesänftigt mit einem Male viel höher, viel entrückter schienen, so wie eine Gesangspartie, die mit ›Kopfstimme‹ eine Oktave höher wieder aufgenommen wird.

Dieser Glockenturm von Saint-Hilaire war es, der allen Beschäftigungen, allen Stunden, allen Aussichtspunkten der Stadt ihr Gesicht, ihre Krönung, ihre Weihe verlieh. Von meinem Zimmer aus konnte ich nur die Basis erblicken, die mit Schindeln nachgedeckt war: Wenn ich diese aber an einem heißen Sommersonntagsmorgen wie eine schwarze Sonne strahlen sah, sagte ich mir: ›Mein Gott! Schon neun Uhr! Ich muß mich ja schnell für die Kirche anziehen, wenn ich vorher noch Tante Léonie guten Morgen sagen will‹, und dann wußte ich ganz genau, welche Farbe der besonnte Platz, die Hitze und der Staub auf dem Markt haben würden, oder der Schatten unter der Markise des Ladens, in den Mama vielleicht vor dem Hochamt noch hineingehen würde, um ein Taschentuch zu kaufen, das ihr der Inhaber mit durchgedrücktem Kreuz vorlegen würde, nachdem er, im Begriff zu schließen, rasch noch im Hinterzimmer seinen Sonntagsrock angelegt und sich die Hände geseift hatte, die er gewohnheitsmäßig alle fünf Minuten, selbst bei den melancholischsten Anlässen mit einer Miene zu reiben pflegte, in der sich Unternehmungsgeist, Sinn für galante Abenteuer und Erfolgsstimmung mischten.

Wenn wir nach der Messe noch bei Theodor vorbeigingen, um ihm zu sagen, er möge uns eine größere Brioche als gewöhnlich schicken, da unsere Verwandten das schöne Wetter benutzt hätten, um von Thiberzy zum Mittagessen herüberzukommen, so hatten wir den Glockenturm vor uns, der von der Sonne gleichsam goldbraun gebacken mit seinem blättrigen Dach und den klebrigen Tropfen, die die Hitze hervorlockte, dem Aussehen nach selbst eine überdimensionale geweihte Brioche, seine scharfe Spitze in den blauen Himmel schob. Und am Abend, wenn ich vom Spaziergang heimkehrte und an den nahen Augenblick dachte, wo ich meiner Mutter gute Nacht sagen und dann auf ihren Anblick verzichten müßte, lag er im Gegenteil so sanft im Licht des sinkenden Tages da, daß er wie ein Kissen aus dunklem Samt leicht in den blassen Himmel eingedrückt schien, der nachgebend sich ein wenig zurückgewölbt hatte, um ihm Platz zu machen, und weich an den Rändern hervorquoll; die Schreie der Vögel, die ihn umkreisten, schienen sein Schweigen noch zu vermehren, seine Spitze noch schlanker emporzutreiben und ihm etwas ganz und gar Unsägliches zu verleihen.

Selbst auf den Wegen, die wir hinter der Kirche zu machen hatten, dort, wo man sie nicht sah, schien alles irgendwie auf den Glockenturm ausgerichtet, der an vereinzelten Stellen zwischen den Häusern auftauchte, vielleicht noch bewegender hier, wo man ihn ohne die Kirche erblickte. Sicher gibt es andere, die, auf diese Weise gesehen, noch viel schöner sind – und ich habe viele solcher vignettenartiger Bilder in meiner Erinnerung, Kirchtürme, die über Dächer ragen, von denen eine ganz andere künstlerische Wirkung ausgeht als von den traurigen Straßen Combrays. Niemals werde ich die in einer merkwürdigen Stadt der Normandie nicht weit von Balbec gelegenen zwei bezaubernden Häuser aus dem achtzehnten

Jahrhundert vergessen – in vieler Hinsicht sind sie mir verehrungswürdig und teuer –, zwischen denen, wenn man sie von dem schönen Garten aus betrachtet, der sich von den Terrassen zum Fluß hinuntersenkt, der gotische Turm einer Kirche sichtbar wird, den sie sonst verbergen, der nun aber ihre Fassaden gleichsam abschließt und überhöht; er selbst jedoch scheint von so anderer, kostbarerer Substanz zu sein, geriffelt, rosig und mit glänzender Lasur überhaucht, daß man sofort den Eindruck bekommt, er gehöre sowenig dazu wie etwa die purpurfarbene gezackte Spitze einer Muschel, die selbst wie ein schmelzüberzogenes Türmchen wirkt, zu den zwei glatten Uferkieseln, zwischen denen sie hängen bleibt. Sogar in einem der häßlichsten Stadtviertel von Paris ist mir ein Fenster bekannt, durch das man über eine erste, zweite und auch noch dritte von dem Dächerkonglomerat mehrerer Straßenzüge gebildete Kulissenwand hinweg bald violett, bald rötlich, manchmal aber auch – auf den edelsten Abzügen, die die Atmosphäre davon schafft – wie in einem aus Asche gewonnenen schwarzen Ton eine Kuppel sieht, die zwar nur zu der Kirche Saint-Augustin gehört, dieser Ansicht von Paris jedoch etwas von römischen Veduten nach Art des Piranesi gibt. Aber ebensowenig wie in irgendeine dieser kleinen Gravüren, mochten sie von ihr auch mit noch so großem Geschmack ausgestattet sein, konnte meine Erinnerung in diese hier hineinlegen, was ich seit langem verloren habe, das Gefühl nämlich, auf Grund dessen wir eine Sache nicht wie ein Schauspiel betrachten, sondern daran glauben als an eine Wesenheit, die ihresgleichen nicht hat; keine von ihnen vermag solche Tiefen meines Lebens aufzuschließen, wie die Erinnerung an jene verschiedenen Aspekte des Glockenturms von Combray in den Straßen hinter der Kirche es tut. Ob man ihn um fünf Uhr sah, wenn man die Briefe von der Post holen ging, nur einige Häuser entfernt, wie er auf einmal als einsamer Gipfel über der Firstlinie der Dächer erschien, oder ob man auf dem Wege, sich nach dem Befinden von Madame Sazerat zu erkundigen, mit den Augen der Linie, die durch sein Abfallen auf der anderen Seite jetzt viel niederer erschien, in dem Bewußtsein folgte, daß man in die zweite Straße hinter ihm einbiegen müsse; sei es, daß man noch etwas weiterhin, wenn man zum Bahnhof ging, ihn von der Seite her sah, wo er im Profil neue Grate und Flächen entwickelte wie ein Körper, den man überraschend in einer noch unbekannten Phase seiner Umdrehung erblickte; oder ob, von den Ufern der Vivonne her betrachtet, die durch die Perspektive kraftvoll gesammelte und höher gewordene Apsis sich emporzuheben schien und das Bemühen des Glockenturms unterstützte, seine Spitze tiefer ins Herz des Himmels hineinzubohren: immer mußte man zu ihm zurückkehren, immer war er es, der alles beherrschte, die Häuser mit einer unerwarteten höchsten Zinne versah und nach oben wies wie der Finger Gottes selbst, dessen Leib in der Menschenmenge verschwand, ohne daß ich ihn deshalb mit ihr hätte verwechseln können. Und heute noch, wenn mir in einer großen Provinzstadt oder in einem Stadtviertel von Paris, das ich weniger kenne, ein Vorübergehender, der ›mir den rechten Weg weist‹, in der Ferne als Orientierungspunkt den Turm eines Spitals oder Klosters bezeichnet, der die Spitze seines geistlichen Biretts an der Ecke einer Straße erhebt, in die ich einbiegen soll, so wird, wofern meine Erinnerung auch nur den geringsten an jene teure entschwundene Gestalt gemahnenden Zug an ihm findet, der Fremde, wenn er sich noch einmal umblickt, um sich zu überzeugen, daß ich nicht fehlgegangen bin, mit Staunen bemerken, wie ich in völligem Vergessen des geplanten Spaziergangs, der dringenden Besorgung stundenlang unbeweglich im Bemühen des Erinnerns vor dem Glokkenturm stehe, da ich auf dem tiefsten Grund meines Innern wiedereroberte Gebiete spüre, deren Untergrund schon trokken wird und zum Wiederaufbau bereit; sicherlich suche ich dann, viel eifriger als eben noch, da ich ihn um Auskunft bat, meinen Weg, ich biege in eine Straße ein ... aber ... in meinem Herzen ...

[...]

WALTER BENJAMIN

Berliner Kindheit um Neunzehnhundert

Telephon

Es mag am Bau der Apparate oder der Erinnerung liegen – gewiß ist, daß im Nachhall die Geräusche der ersten Telephongespräche mir sehr anders in den Ohren liegen als die heutigen. Es waren Nachtgeräusche. Keine Muse vermeldet sie. Die Nacht, aus der sie kamen, war die gleiche, die jeder wahren Neugeburt vorhergeht. Und eine neugeborene war die Stimme, die in den Apparaten schlummerte. Auf Tag und Stunde war das Telephon mein Zwillingsbruder. Und so durfte ich erleben, wie es die Erniedrigung der Frühzeit in seiner stolzen Laufbahn überwand. Denn als Kronleuchter, Ofenschirm und Zimmerpalme, Konsole, Gueridon und Erkerbrüstung, die damals in den Vorzimmern prangten, schon längst verdorben und gestorben waren, hielt, einem sagenhaften Helden gleich, der in der Bergschlucht ausgesetzt gewesen, den dunklen Korridor im Rücken lassend, der Apparat den königlichen Einzug in die gelichteten und helleren, nun von einem jüngeren Geschlecht bewohnten Räume. Ihm wurde er der Trost der Einsamkeit. Den Hoffnungslosen, die diese schlechte Welt verlassen wollten, blinkte er mit dem Licht der letzten Hoffnung. Mit den Verlassenen teilte er ihr Bett. Auch stand er im Begriff, die schrille Stimme, die er aus dem Exil behalten hatte, zu einem warmen Summen abzudämpfen. Denn was bedurfte es noch mehr an Stätten, wo alles seinem Anruf entgegenträumte oder ihn zitternd wie ein Sünder erwartete. Nicht viele, die heute ihn benutzen, wissen noch, welche Verheerungen einst sein Erscheinen im Schoße der Familien verursacht hat. Der Laut, mit dem er zwischen zwei und vier, wenn wieder ein Schulfreund mich zu sprechen wünschte, anschlug, war ein Alarmsignal, das nicht allein die Mittagsruhe meiner Eltern, sondern die weltgeschichtliche Epoche störte, in deren Mitte sie sich ihr ergaben. Meinungsverschiedenheiten mit den Ämtern waren die Regel, ganz zu schweigen von den Drohungen und Donnerworten, die mein Vater gegen die Beschwerdestelle ausstieß. Doch seine eigentlichen Orgien galten der Kurbel, der er sich minutenlang und bis zur Selbstvergessenheit verschrieb. Und seine Hand war wie ein Derwisch, der der Wollust seines Taumels unterliegt. Mir aber schlug das Herz, ich war gewiß, in solchen Fällen drohe der Beamtin als Strafe ihrer Säumigkeit ein Schlag. In diesen Zeiten hing das Telephon entstellt und ausgestoßen zwischen der Truhe für die schmutzige Wäsche und dem Gasometer in einem Winkel des Hinterkorridors, von wo sein Läuten die Schrecken der Berliner Wohnung nur steigerte. Wenn ich dann, meiner Sinne kaum mehr mächtig, nach langem Tasten durch den finstern Schlauch, anlangte, um den Aufruhr abzustellen, die beiden Hörer, welche das Gewicht von Hanteln hatten, abriß und den Kopf dazwischen preßte, war ich gnadenlos der Stimme ausgeliefert, die da sprach. Nichts war, was die unheimliche Gewalt, mit der sie auf mich eindrang, milderte. Ohnmächtig litt ich, wie sie die Besinnung auf Zeit und Plicht und Vorsatz mir entwand, die eigene Überlegung nichtig machte, und wie das Medium der Stimme, die von drüben seiner sich bemächtigt, folgt, ergab ich mich dem ersten besten Vorschlag, der durch das Telephon an mich erging.

Abreise und Rückkehr

Der Lichtstreif unter der Schlafzimmertür, am Vorabend, wenn die andern noch auf waren – war er nicht das erste Reisesignal? Drang er nicht in die Kindernacht voller Erwartung wie später in die Nacht eines Publikums der Lichtstreif unter dem Bühnenvorhang? Ich glaube, das Traumschiff, das einen damals abholte, ist oft über den Lärm der Gesprächswogen und die Gischt des Tellergeklappers vor unsere Betten geschwankt, und am frühen Morgen hat es uns abgesetzt, fiebrig, als wenn wir die Fahrt schon hinter uns hätten, die wir eben erst antreten sollten. Fahrt in einer ratternden Droschke, die den Landwehrkanal entlangfuhr und in der mir plötzlich das Herz schwer wurde. Gewiß nicht wegen des Kommenden oder des Abschieds; sondern das öde Beisammensitzen, das noch anhielt, noch dauerte, nicht vom Anhauch der Reise wie ein Gespenst vor der Morgendämmerung verflogen war, überschlich mich mit Traurigkeit. Aber nicht lange. Denn wenn der Wagen die Chausseestraße hinter sich hatte, war ich wieder mit den Gedanken unserer Bahnfahrt vorangeeilt. Seither münden für mich die Dünen Koserows oder Wenningstedts hier in der Invalidenstraße, wo den andern die Sandsteinmassen des Stettiner Bahnhofs entgegentreten. Meist aber war in der Frühe das Ziel ein näheres. Nämlich der »Anhalter«, laut des Namens Mutterhöhle der Eisenbahnen, wo die Lokomotiven zu Hause sein und die Züge anhalten mußten. Keine Ferne war ferner, als wo im Nebel seine Gleise zusammenliefen. Doch auch die Nähe, die mich eben noch umfangen hatte, rückte ab. Die Wohnung lag der Erinnerung verwandelt vor. Mit ihren Teppichen, die eingerollt, den Lüstern, die in Sackleinwand vernäht, den Sesseln, die überzogen waren, mit dem Halblicht, das durch die Jalousien sickerte, gab sie, indem wir eben erst den Fuß aufs Trittbrett unseres D-Zug-Wagens setzen, der Erwartung von fremden Sohlen, leisen Tritten Raum, die vielleicht bald, über die Dielen schleifend, Diebsspuren in den Staub einzeichnen sollten, der seit einer Stunde gemächlich seine Niederlassungen bezog. Daher geschah es, daß ich jedesmal als Heimatloser aus den Ferien kam. Und noch die letzte Kellerhöhle, wo die Lampe schon brannte – nicht erst zu entzünden war –, schien mir beneidenswert, mit unserer Wohnung verglichen, die im Westen dunkelte. So boten bei der Heimkehr aus Bansin oder aus Hahnenklee die Höfe mir viel kleine, traurige Asyle an. Dann freilich schloß die Stadt sie wieder ein, als reue ihre Hilfsbereitschaft sie. Wenn dennoch einmal der Zug vor ihnen zögerte, so war es, weil ein Signal kurz vor der Einfahrt uns die Strecke sperrte. Je langsamer er fuhr, desto schneller zerging die Hoffnung, hinter Brandmauern der nahen Elternwohnung zu entkommen. Doch diese überzähligen Minuten, eh alles aussteigt, stehen heute noch in meinen Augen. Mancher Blick hat sie vielleicht gestreift wie in den Höfen Fenster, die in schadhaften Mauern stecken und hinter denen eine Lampe brennt.

Zu spät gekommen

Die Uhr im Schulhof sah beschädigt aus durch meine Schuld. Sie stand auf »zu spät«. Und auf den Flur drang aus den Klassentüren, die ich streifte, Murmeln von geheimer Beratung. Lehrer und Schüler dahinter waren Freund. Oder alles schwieg still, als erwarte man einen. Unhörbar rührte ich die Klinke an. Die Sonne tränkte den Flecken, wo ich stand. So schändete ich meinen grünen Tag und öffnete. Niemand schien mich zu kennen. Wie der Teufel den Schatten des Peter Schlemihl, hatte der Lehrer mir meinen Namen bei Beginn der Stunde einbehalten. Ich sollte nicht mehr an die Reihe kommen. Leise schaffte ich mit bis Glockenschlag. Aber es war kein Segen dabei.

Eine Todesnachricht

Man hat das déjà vu oft beschrieben. Ist die Bezeichnung eigentlich glücklich? Sollte man nicht von Begebenheiten reden, welche uns betreffen wie ein Echo, von dem der Hall, der es erweckte, irgendwann im Dunkel des verflossenen Lebens ergangen scheint. Im übrigen entspricht dem, daß der Chok, mit dem ein Augenblick als schon gelebt uns ins Bewußtsein tritt, meist in Gestalt von einem Laut uns zustößt. Es ist ein Wort, ein Rauschen oder Pochen, dem die Gewalt verliehen ist, unvorbereitet uns in die kühle Gruft des Einst zu rufen, von deren Wölbung uns die Gegenwart nur als ein Echo scheint zurückzuhallen. Seltsam, daß man noch nicht dem Gegenbild dieser Entrückung nachgegangen ist – dem Chok, mit dem ein Wort uns stutzen macht wie ein vergessener Muff in unserm Zimmer. Wie uns dieser auf eine Fremde schließen läßt, die da war, so gibt es Worte oder Pausen, die uns auf jene unsichtbare Fremde schließen lassen: die Zukunft, welche sie bei uns vergaß. Ich mag fünf Jahre alt gewesen sein. An einem Abend – ich lag bereits im Bett – erschien mein Vater. Wahrscheinlich um mir gute Nacht zu sagen. Es war halb gegen seinen Willen, denke ich, daß er die Nachricht vom Tode eines Vetters mir erzählte. Das war ein älterer Mann, der mich nichts anging. Mein Vater aber gab die Nachricht mit allen Einzelheiten. Er beschrieb, auf meine

Frage, was ein Herzschlag sei, und war weitschweifig. Von der Erzählung nahm ich nicht viel auf. Wohl aber habe ich an diesem Abend mein Zimmer und mein Bett mir eingeprägt, wie man sich einen Ort genauer merkt, von dem man ahnt, man werde eines Tages etwas Vergessenes von dort holen müssen. Nach vielen Jahren erst erfuhr ich, was. In diesem Zimmer hatte mir mein Vater ein Stück der Neuigkeit verschwiegen. Nämlich der Vetter war an Syphilis gestorben.

Der Lesekasten

Nie wieder können wir Vergessenes ganz zurückgewinnen. Und das ist vielleicht gut. Der Chok des Wiederhabens wäre so zerstörend, daß wir im Augenblick aufhören müßten, unsere Sehnsucht zu verstehn. So aber verstehn wir sie, und um so besser, je versunkener das Vergessene in uns liegt. Wie das verlorene Wort, das eben noch auf unsern Lippen lag, die Zunge uns zu demosthenischer Beflügelung lösen würde, so scheint uns das Vergessene schwer vom ganzen gelebten Leben, das es uns verspricht. Vielleicht ist, was Vergessenes so beschwert und trächtig macht, nichts anderes als ein Rest verschollener Gewohnheit, in die wir uns nicht mehr finden könnten. Vielleicht ist seine Mischung mit den Stäubchen unserer zerfallenen Gehäuse das Geheimnis, aus dem es überdauert. Wie dem auch sei – für jeden gibt es Dinge, die dauerhaftere Gewohnheiten in ihn entfalteten als alle andern. An ihnen formen sich die Fähigkeiten, die für sein Dasein mitbestimmend werden. Und weil das, was mein eigenes angeht, Lesen und Schreiben waren, weckt von allem, was mir in frühern Jahren unterkam, nichts größere Sehnsucht als der Lesekasten. Er enthielt auf kleinen Täfelchen die Schreibschriftlettern, die jünger und auch mädchenhafter waren als die gedruckten. Sie betteten sich schlank auf schräge Lager, jede einzelne vollendet, und in ihrer Reihenfolge gebunden durch die Regel ihres Ordens, das Wort, dem sie als Schablone angehörten. Ich bewunderte, wie soviel Anspruchslosigkeit vereint mit soviel Herrlichkeit bestehen könne. Es war ein Gnadenstand. Und meine Rechte, die sich gehorsam um ihn mühte, fand ihn nicht. Sie mußte draußen wie der Pförtner sitzen, der die Erwählten durchzulassen hat. So war ihr Umgang mit den Lettern voll Entsagung. Die Sehnsucht, die er mir erweckt, beweist, wie sehr er eins mit meiner Kindheit gewesen ist. Was ich in Wahrheit in ihm suche, ist sie selbst: die ganze Kindheit, wie sie in dem Griff gelegen hat, mit dem die Hand die Lettern in die Leiste schob, in welcher sie sich aneinanderreihten. Die Hand kann ihn noch träumen, aber nie erwachen, um ihn wirklich zu vollziehn. So mag manch einer davon träumen, wie er das Gehn gelernt hat. Doch das hilft ihm nichts. Nun kann er gehen; gehen lernen nie mehr.

Loggien

Wie eine Mutter, die das Neugeborene an ihre Brust legt, ohne es zu wecken, verfährt das Leben lange Zeit mit der noch zarten Erinnerung an die Kindheit. Nichts kräftigte die meine inniger als der Blick in Höfe, von deren dunklen Loggien eine, die im Sommer von Markisen beschattet wurde, für mich die Wiege war, in die die Stadt den neuen Bürger legte. Die Karyatiden, die die Loggia des nächsten Stockwerks trugen, mochten ihren Platz für einen Augenblick verlassen, um an dieser Wiege ein Lied zu singen, das zwar fast nichts von dem enthielt, was später auf mich wartete, dafür jedoch den Spruch, durch den die Luft der Höfe mir auf immer berauschend blieb. Ich glaube, daß ein Beisatz dieser Luft noch um die Weinberge von Capri war, in denen ich die Geliebte umschlungen hielt; und es ist eben diese Luft, in der die Bilder und Allegorien stehen, die über meinem Denken herrschen wie die Karyatiden auf der Loggienhöhe über die Höfe des Berliner Westens.
Der Takt der Stadtbahn und des Teppichklopfens wiegte mich da in Schlaf. Er war die Mulde, in der sich meine Träume bildeten. Zuerst die ungestalten, die vielleicht vom Schwall des Wassers oder dem Geruch der Milch durchzogen waren; dann die langgesponnenen: Reise- und Regenträume; endlich die geweckteren: vom nächsten Murmelspiel im Zoo, vom Sonntagsausflug. Der Frühling hißte hier die ersten Triebe vor einer grauen Rückfront; und wenn später im Jahr ein staubiges Laubdach tausendmal am Tage die Hauswand streifte, nahm das Schlürfen der Zweige mich in eine Lehre,

der ich noch nicht gewachsen war. Denn alles wurde mir im Hof zum Wink. Wie viele Botschaften saßen nicht im Geplänkel grüner Rouleaux, die hochgezogen wurden, und wie viele Hiobsposten ließ ich klug im Poltern der Rolläden uneröffnet, die in der Dämmerung niederdonnerten.
Am tiefsten aber konnte mich die Stelle betreffen, wo der Baum im Hofe stand. Sie war im Pflaster ausgespart, in das ein breiter Eisenring versenkt war. Stäbe durchzogen ihn derart, daß er ein Gitter vorm nackten Erdreich bildete. Es schien mir nicht umsonst so eingefaßt; manchmal sann ich dem nach, was in der schwarzen Kutte, aus der der Stamm kam, vorging. Später dehnte ich diese Forschung auf die Droschkenhaltestellen aus. Die Bäume dort wurzelten ähnlich, doch sie waren noch dazu umzäunt, und Kutscher hingen an die Umzäunung ihre Pelerinen, während sie für den Gaul das Pumpenbecken, welches ins Trottoir gesenkt war, mit dem Strahl füllten, der Heu- und Haferreste wegtrieb. Mir waren diese Warteplätze, deren Ruhe nur selten durch den Zuwachs oder Abgang von Wagen unterbrochen wurde, entlegenere Provinzen meines Hofes.
Viel war an seinen Loggien abzulesen: der Versuch, der abendlichen Muße nachzuhängen; die Hoffnung, das Familienleben ins Grüne vorzuschieben; das Bestreben, den Sonntag ohne Rückstand auszuschöpfen. Aber am Ende war das alles eitel. Nichts lehrte der Zustand dieser eins überm anderen befindlichen Gevierte, als wieviel beschwerliche Geschäfte jeder Tag dem folgenden vererbte. Wäscheleinen liefen von einer Wand zur anderen; die Palme sah um so obdachloser aus, als längst nicht mehr der dunkle Erdteil, sondern der benachbarte Salon als ihre Heimat empfunden wurde. So wollte es das Gesetz des Ortes, um den einst die Träume der Bewohner gespielt hatten. Doch ehe er der Vergessenheit verfiel, hatte bisweilen die Kunst ihn zu verklären unternommen. Bald stahl sich eine Ampel, bald eine Bronze, bald eine Chinavase in seinen Bereich. Und wenn auch diese Altertümer selten dem Orte Ehre machten, so gewann auf diesen Loggien der Zeitverlauf selbst etwas Altertümliches. Das pompejanische Rot, das sich so oft in breitem Bande an der Wand entlangzog, war der gegebene Hintergrund der Stunden, welche in dieser Abgeschiedenheit sich stauten. Die Zeit veraltete in diesen schattenreichen Gelassen,

die sich auf die Höfe öffneten. Und eben darum war der Vormittag, wenn ich auf unserer Loggia auf ihn stieß, so lange schon Vormittag, daß er mehr er selbst schien als auf jedem anderen Fleck. So auch die ferneren Tageszeiten. Nie konnte ich sie hier erwarten; immer erwarteten sie mich bereits. Sie waren schon lange da, ja gleichsam aus der Mode, wenn ich sie endlich dort aufstöberte.

Später entdeckte ich vom Bahndamm aus die Höfe neu. Und wenn ich dann an schwülen Sommernachmittagen aus dem Abteil auf sie heruntersah, schien sich der Sommer in sie eingesperrt und von der Landschaft losgesagt zu haben. Und die Geranien, die mit roten Blüten aus ihren Kästen sahen, paßten weniger zu ihm als die roten Matratzen, die am Vormittag zum Lüften über den Brüstungen gehangen hatten. Abende, die auf solche Tage folgten, sahen uns – mich und meine Kameraden – manchmal am Tisch der Loggia versammelt. Eiserne Gartenmöbel, die geflochten oder von Schilf umwunden schienen, waren die Sitzgelegenheit. Und auf die Reclamhefte schien aus einem rot- und grüngeflammten Kelch, in dem der Strumpf summte, das Gaslicht nieder: Lesekränzchen. Romeos letzter Seufzer strich durch unsern Hof auf seiner Suche nach dem Echo, das ihm die Gruft der Julia in Bereitschaft hielt.

Seitdem ich Kind war, haben sich die Loggien weniger verändert als die anderen Räume. Doch nicht nur darum sind sie mir noch nah. Es ist vielmehr des Trostes wegen, der in ihrer Unbewohnbarkeit für den liegt, der selber nicht mehr recht zum Wohnen kommt. An ihnen hat die Behausung des Berliners ihre Grenze. Berlin – der Stadtgott selber – beginnt in ihnen. Er bleibt sich dort so gegenwärtig, daß nichts Flüchtiges sich neben ihm behauptet. In seinem Schutze finden Ort und Zeit zu sich und zueinander. Beide lagern sich hier zu seinen Füßen. Das Kind jedoch, das einmal mit im Bunde gewesen war, hält sich, von dieser Gruppe eingefaßt, auf seiner Loggia wie in einem längst ihm zugedachten Mausoleum auf.

Solange ich klein war, sah ich beim Spazierengehen gern durch jene waagerechten Gatter, die auch dann erlaubten, vor einem Schaufenster sich aufzustellen, wenn gerade unter ihm ein Schacht sich auftat, welcher dazu diente, mit etwas Licht und Luft die Kellerluken, die in der Tiefe sich befanden, zu versorgen. Die Luken gingen kaum ins Freie, sondern eher ins Unterirdische. Daher die Neugier, mit der ich durch die Stäbe jedes Gatters, auf dem ich gerade fußte, niedersah, um aus dem Souterrain den Anblick eines Kanarienvogels, einer Lampe oder eines Bewohners mit davonzutragen. Es war nicht immer möglich. Wenn ich aber bei Tage dem vergebens nachgetrachtet hatte, so konnte es geschehen, daß sich nachts der Spieß umkehrte und ich selbst im Traum dingfest gemacht wurde von Blicken, die aus solchen Kellerlöchern nach mir zielten. Gnomen mit spitzen Mützen warfen sie. Doch kaum war ich vor ihnen bis ins Mark erschrocken, waren sie schon wieder fort.
Nicht streng geschieden war für mich die Welt, welche bei Tage diese Fenster bevölkerte, von der, die nachts dort auf der Lauer lag, um mich in meinem Traum zu überfallen. Ich wußte darum gleich, woran ich war, als ich in meinem »Deutschen Kinderbuch« von Georg Scherer auf die Stelle stieß:

Will ich in mein' Keller gehn,
Will mein Weinlein zapfen;
Steht ein bucklicht Männlein da,
Tät mir 'n Krug wegschnappen.

Ich kannte jene Sippe, die auf Schaden und Schabernack versessen war, und daß sie sich im Keller zu Hause fühlte, war nicht wunderlich. »Lumpengesindel« war es. Und gleich erinnerte ich mich der Nachtgesellen, die, so spät, draußen zum Hühnchen und zum Hähnchen stoßen: der Nähnadel sowie der Stecknadel, die beide rufen, »es würde gleich stichdunkel werden«. Was sie sodann am Wirt, der sie des Nachts aufnahm, verübten, dünkte sie wohl nur ein Spaß. Mich aber grauste es. Von ihrem Schlage war der Bucklige. Doch kam er mir nicht näher. Erst heute weiß ich, wie er geheißen hat. Meine Mutter verriet mir's, ohne es zu wissen.

»Ungeschickt läßt grüßen«, sagte sie mir immer, wenn ich etwas zerbrochen hatte oder hingefallen war. Und nun verstehe ich, wovon sie sprach. Sie sprach vom bucklichten Männlein, welches mich angesehen hatte. Wen dieses Männlein ansieht, gibt nicht acht. Nicht auf sich selbst und auf das Männlein auch nicht. Er steht verstört vor einem Scherbenhaufen:

Will ich in mein Küchel gehn,
Will mein Süpplein kochen;
Steht ein bucklicht Männlein da.
Hat mein Töpflein brochen.

Wo es erschien, da hatte ich das Nachsehn. Ein Nachsehn, dem die Dinge sich entzogen, bis aus dem Garten übers Jahr ein Gärtlein, ein Kämmerlein aus meiner Kammer und ein Bänklein aus der Bank geworden war. Sie schrumpften, und es war, als wüchse ihnen ein Buckel, der sie selber nun der Welt des Männleins für sehr lange einverleibte. Das Männlein kam mir überall zuvor. Zuvorkommend stellte sich's in den Weg. Doch sonst tat er mir nichts, der graue Vogt, als von jedwedem Ding, an das ich kam, den Halbpart des Vergessens einzutreiben:

Will ich in mein Stüblein gehn,
Will mein Müslein essen;
Steht ein bucklicht Männlein da.
Hat's schon halber 'gessen.

So stand das Männlein oft. Allein ich habe es nie gesehn. Es sah nur immer mich. Und desto schärfer, je weniger ich von mir selber sah.
Ich denke mir, daß jenes »ganze Leben«, von dem man sich erzählt, daß es vorm Blick der Sterbenden vorbeizieht, aus solchen Bildern sich zusammensetzt, wie sie das Männlein von uns allen hat. Sie flitzen rasch vorbei wie jene Blätter der straff gebundenen Büchlein, die einmal Vorläufer unserer Kinematographen waren. Mit leisem Druck bewegte sich der Daumen an ihrer Schnittfläche entlang; dann wurden sekundenweise Bilder sichtbar, die sich voneinander fast nicht unterschieden. In ihrem flüchtigen Ablauf ließen sie den Boxer bei der Arbeit und den Schwimmer, wie er mit seinen Wellen kämpft, erkennen. Das Männlein hat die Bilder auch

von mir. Es sah mich im Versteck und vor dem Zwinger des Fischotters, am Wintermorgen und vor dem Telephon im Hinterflur, am Brauhausberge mit den Faltern und auf meiner Eisbahn bei der Blechmusik, vorm Nähkasten und über meinem Schubfach, im Blumeshof und wenn ich krank zu Bett lag, in Glienicke und auf der Bahnstation. Jetzt hat es seine Arbeit hinter sich. Doch seine Stimme, welche an das Summen des Gaststrumpfs anklingt, wispert über die Jahrhundertschwelle mir die Worte nach:

Liebes Kindlein, ach, ich bitt,
Bet fürs bucklicht Männlein mit.

CHARLES BAUDELAIRE

Kleine Gedichte in Prosa

Die Fenster

Wer von außen durch ein Fenster hineinschaut, das offen ist, sieht nicht halb so viel, als wenn die Scheiben geschlossen sind. Nichts ist tiefer und geheimnisvoller, anregender, düsterer und blendender, als ein Fenster, hinter dem eine Kerze leuchtet. Was man im Sonnenlicht sieht, ist lange nicht so fesselnd, als was hinter einer Scheibe geschieht. In dieser dunkeln oder funkelnden umrahmten Fläche lebt das Leben, träumt das Leben, leidet das Leben.

Über das Gewoge der Dächer hinüber sehe ich eine reife Frau, schon faltig im Gesicht, arm und immer über etwas gebeugt, und niemals geht sie aus dem Hause. Aus ihren Mienen, aus ihrer Kleidung, aus ihren Gesten, fast aus nichts habe ich die Geschichte dieser Frau gelesen, oder besser ihre Legende, und manches Mal erzähle ich sie mir unter Tränen. – Wär's ein armer alter Mann gewesen, den ich da gesehen habe, hätte ich seine Geschichte ebensogut erzählen können. – Lege ich mich dann schlafen, bin ich zufrieden, in anderen gelebt und gelitten zu haben als nur in mir selbst.

Vielleicht werden Sie mir nun sagen: »Bist du denn auch sicher, daß diese Legende die wahre ist?« Was liegt daran, was die Wirklichkeit sein kann außerhalb meiner selbst, wenn sie mir doch dazu verholfen hat zu leben und zu fühlen, daß ich bin und was ich bin.

Das zwiefache Zimmer

Ein Zimmer wie aus Träumen, ein ganz vergeistigtes Zimmer, darin die Luft ein Hauch von Blau und Rosa tönt.

Dort badet die Seele in lässiger Trägheit, die Leid und Sehnsucht durchduften; ein Traum der Lust für die Dauer einer Mondfinsternis.

Die Formen der Möbel sind hingedehnt, erschöpft, erschlafft; sie sehen ganz so aus, als träumten sie, als seien sie begabt mit schlafwandlerischem Leben, wie Pflanzen, wie Steine. Die Stoffe sprechen die stumme Sprache der Blumen, der Himmel, der Sonnenuntergänge.

An den Wänden keine künstlerischen Geschmacklosigkeiten; – im Bezug zum Traum, zum nichtzergliederten Eindruck, ist die wirkliche, die bewußt gestaltete Kunst eine Blasphemie. Hier ist alles von der hinreichenden Helle und von der köstlichen Dunkelheit der Harmonie.

Ein unendlicher Wohlgeruch von erlesenster Besonderheit, dem eine ganz leichte Feuchtigkeit beigemengt ist, schwimmt in der Atmosphäre, in der der schläfernde Geist von Treibhausgefühlen gewiegt wird.

Die Musseline ergießen sich üppig vor den Fenstern und um das Bett; sie schäumen in schneeigen Kaskaden. Auf dem Bett aber liegt das Idol, die Herrin meiner Träume. Wie kam sie hierher? Wer hat sie hereingebracht? Welche magische Kraft hat sie auf diesen Thron der Lust und des Träumens niedergelassen? Was liegt daran? Genug, sie ist da! Ich erkenne sie.

Das sind die Augen, deren Flamme in der Dämmerung blinkt, das zarte und furchtbare Geleucht, das ich erschreckend an seiner eiskalten Schalkheit erkenne! Es lockt, es zwingt, es verschlingt den Toren, der sich ihm staunend naht. Oft habe ich in diesen schwarzen Sternen geforscht, die Neugier und Bewunderung heischen.

Welch gütigem Dämon danke ich es, so von Geheimnis, Schweigen, Frieden und Duft umgeben zu sein? O Glückseligkeit! Was wir gemeinhin, auch im glücklichsten Sinne, Leben nennen, hat nichts gemein mit dieser höchsten Lebensform, deren ich nun teilhaftig bin und die ich schlürfe, Minute für Minute, Sekunde für Sekunde.

Nein! Keine Minuten mehr, keine Sekunden mehr! Die Zeit ist abhanden gekommen. Ewigkeit herrscht, eine Ewigkeit der Wonne!

Da! – ein furchtbarer, schwerer Schlag hat an die Tür gepocht, und wie in höllischen Träumen war mir, als habe mich ein Faustschlag in die Herzgrube getroffen.

Und nun kam das Schreckbild hereingestolpert: ein Gerichtswaibel, mich im Auftrag des Gesetzes zu quälen; eine Beischläferin, ihr Elend herzuleiern und die Gemeinheit ihres Lebens mit den Schmerzen des meinigen zu vermengen; oder auch nur der Laufbursche eines Zeitungsverlegers, der mich um die Fortsetzung eines Manuskriptes drängt.

Das paradiesische Zimmer, das Idol, die Herrin der Träume – *die Sylphide*, wie der große René sie nannte –, all der Zauber ist vergangen bei dem rohen Pochen des Schreckbilds.

Entsetzen! Ich erinnere mich! ich weiß! Ja. Dieses Loch, diese Höhle ewiger Öde, das ist meine Behausung. Da stehen, staubig, abgegriffen, die dummen Möbel; der Kamin ohne Flamme, ohne Glut, vom Auswurf bespuckt; die traurigen Fensterscheiben, in deren Staubigsein der Regen trübe Rillen eingezeichnet hat; die Manuskripte, verkorrigiert und nicht zu Ende gebracht; der Kalender, auf dem der Bleistift die Unheilstage verzeichnet hat!

Und der Duft einer anderen Welt, an dem ich mich in vollendeter Empfindsamkeit berauscht, – ach! er ist verdrängt vom stinkenden Tabakdunst und den Gerüchen fauligen Übelseins. Der Atem findet nur noch die ranzige Schwere der Verzweiflung.

In dieser engen, des Ekeln so vollen Welt ist nur ein vertrauter Gegenstand, der mir lächelt: Laudanumflasche, alte, furchtbare Freundin! Wie jede Geliebte, ach! reich an Zärtlichkeit, reich an Verrat!

Ja! ja! die Zeit ist wieder da! Die Zeit hat die Herrschaft angetreten als absoluter Herr! und mit dem alten Tyrannen ist all sein teuflisches Gefolge gekommen: Erinnerung, Reue, Bangheit, Angst, Alpdruck, Irrsinn, Zorn!

Ich kann euch sagen: die Sekunden sind wieder da, jede einzelne; stark, feierlich, betont tropfen sie ab von der Uhr: Ich bin das Leben – sagt jede von ihnen –, das unerträgliche, unerbittliche Leben!

Nur eine einzige Sekunde gibt es im Leben des Menschen, die die Bestimmung hat, gute Botschaft zu bringen, die *frohe Botschaft*, vor der ein jeder unsagbare Angst empfindet.

Ja, die Zeit regiert; sie hat die rohe Gewalt an sich gerissen. Wie nach einem Ochsen stößt sie nach mir mit ihrem zwiefachen Stachel: Hühott, Schindmähre! Schwitze, Sklave! Lebe, Verdammter!

Die Einsamkeit

Ein philanthropischer Zeitungsschreiber sagte mir, die Einsamkeit sei für den Menschen schädlich; und um seine These zu stützen, zitiert er wie alle Leute, die an nichts glauben, die Worte der Kirchenväter.

Ich weiß, daß der Dämon gern einsame Wüsteneien aufsucht und daß der Geist des Mordes und der Unzucht sich wunderbar entzündet in den Eisamkeiten. Aber ist es nicht möglich, daß diese Einsamkeit nur gefährlich ist für die flatterhafte und müßige Seele, die sie mit ihren Leidenschaften und Schimären bevölkert?

Es ist sicher, daß ein Schwätzer, dessen höchstes Vergnügen darin besteht, hoch von der Kanzel herab oder von der Tribüne herunter Reden zu halten, auf Robinsons Insel Gefahr liefe, wahnsinnig zu werden. Ich verlange ja auch von meinem Zeitungsschreiber nicht die tapferen Tugenden Crusoes, aber ich bitte mir aus, daß er diejenigen, die die Einsamkeit und das Geheimnis lieben, nicht mit seinen Anklagen verdächtigt.

In unserer verschwätzten Rasse gibt es Gesellen, die mit geringem Widerstreben die Todesstrafe hinnehmen würden, wenn ihnen nur erlaubt wäre, von der Höhe des Schafotts herunter eine ausgiebige Ansprache zu halten, ohne daß sie befürchten müßten, daß Santerres Trommel sie mitten im Wort unterbräche.

Ich beklage sie nicht, denn ich bin dessen gewiß, daß ihre rednerischen Ausschweifungen ihnen Lüste schenken, die nicht geringer sind als die, welche die anderen aus der Stille und der Sammlung gewinnen; doch ich verachte sie.

Vor allem aber wünsche ich, daß mein verfluchter Zeitungsschreiber mir gestattet, mich auf meine Weise zu vergnügen. »Haben Sie denn niemals das Bedürfnis«, sagt er mir mit fromm näselndem Ton, »Ihre Freuden zu teilen?« O dieser neidische Geselle! Er weiß, daß ich die seinigen mißachte, doch will er in die meinen sich eindrängen, der Spielverderber!

»Welch großes Unglück, nicht alleine sein zu können!...« sagt irgendwo La Bruyère, wie um alle die zu beschämen, die, um sich zu vergessen, unter die Menge laufen, aus purer Angst, sich selbst nicht ertragen zu können.

»Fast all unser Unglück kommt daher, daß wir nicht in unseren vier Wänden haben bleiben können«, sagt ein anderer Weiser, ich glaube Pascal, und mahnt damit an die Zelle der Sammlung alle die Toren, die das Glück im Herumtreiben suchen und in der Prostitution, die ich eine *brüderliche* würde nennen können, wenn ich mich bereitfinden wollte, in der gehobenen Sprache meiner Zeit zu sprechen.

Über die Einsamkeit

Zunächst wollen wir einmal die übliche langweilige Gegenüberstellung vom zurückgezogenen und vom tätigen Leben ganz beiseite lassen. »Wir sind nicht für unsere Einzelinteressen, sondern für die Allgemeinheit da«; dieser Spruch klingt sehr schön; Ehrgeiz und Habsucht decken damit ihre Blöße; aber wir wollen uns zunächst einmal die genau ansehen, die ihn in die Praxis umsetzen. Diese mögen sich auf Herz und Nieren prüfen, ob nicht, im Gegensatz zu dem Sinn des schönen Spruchs, Stellung, Amt und berufliche Plackerei hauptsächlich erstrebt wird, um aus dem Dienst an der Allgemeinheit einen privaten Nutzen zu ziehen. Die üblen Mittel, die heutzutage angewendet werden, um Karriere zu machen, beweisen geradezu, daß keine ehrlichen Absichten dahinterstehen.

Treibt uns der Ehrgeiz zur Einsamkeit? Die Antwort muß lauten: Ja! Denn was ist ihm mehr zuwider als Gemeinsamkeit? Was ist ihm wichtiger als Bewegungsfreiheit? Überall kann man recht und unrecht handeln; doch ist Ansteckung jedenfalls bei Menschenansammlungen sehr gut möglich, wenn der Ausspruch des Bias richtig ist: »Das Böse ist auf der Seite der Mehrheit«, oder wie es im Ecclesiasticus heißt: »Von tausend ist nicht einer gut.« – Den Bösen muß man sich entweder angleichen oder sich grollend von ihnen abwenden; beides ist gefährlich; sowohl sich den anderen anzugleichen, weil es Vertreter der Masse sind, als auch die Abwendung zu verallgemeinern, weil doch nicht alle gleich schlecht sind. Kaufleute, die auf See gehen, sehen darauf, daß Lumpen, Gotteslästerer und Schufte nicht mit ihnen auf dem gleichen Schiff fahren; sie meinen, solche Gesellschaft bringt Unglück. Hierzu paßt ein Scherzwort des Bias. Während eines gewaltigen Seesturms rief die Menge, die mit ihm auf dem gleichen Schiffe war, die Hilfe der Götter an. »Seid still«, sagte er da »damit die Götter nicht merken, daß ihr hier bei mir seid.« ...

Der Weise kann sich überall wohl fühlen, auch allein, und auch unter der Menge in einem Schloß. Aber wenn er die Wahl hat, weicht er ihr lieber aus; wenn es sein muß, erträgt er sie, aber wenn er kann, wählt er die Einsamkeit. Der Kampf mit dem inneren Bösen ist noch nicht gewonnen, so fühlt er, wenn er noch mit dem Bösen von außen kämpfen muß. Charondas ließ die als Bösewichte bestrafen, denen Umgang mit Verbrechern nachgewiesen wurde. Nichts ist so zwiespältig wie der Mensch; er ist asozial und sozial zugleich; asozial wird er durch seine Laster, sozial durch seine Natur. ...
Das Ziel, das mit der Absonderung verfolgt wird, ist doch offenbar, mit mehr Muße und mehr Behagen zu leben. Aber der Weg dahin ist nicht immer der richtige. Oft bildet man sich ein, man hätte sich von der Plackerei freigemacht und hat sich doch nur eine andere aufgeladen. Die Leitung eines Haushaltes bringt kaum weniger Ärger als die eines ganzen Staates; von jeder Sache wird man gleich ganz in Anspruch genommen; Geschäfte, die weniger wichtig sind, brauchen deshalb noch nicht weniger lästig zu sein. Außerdem: die Hauptquälgeister unseres Lebens sind wir deshalb noch nicht los, weil wir unsere Tätigkeit bei Hofe oder im Geschäft aufgegeben haben. Sie bleiben bei uns, auch wenn wir fortgehen: Ehrsucht, Geiz, Unentschlossenheit, Angst und Begehrlichkeit.
»Und hinter dem Reiter sitzt die schwarze Sorge[1].« Ein Athener hatte vergeblich auf einer Reise Erholung gesucht. Als man dies dem Sokrates erzählte, sagte er: »Das glaube ich wohl; er hatte sich mit auf die Reise genommen.« ...
Deshalb genügt es nicht, sich der Berührung mit dem Volk entzogen zu haben; es genügt nicht, wegzugehen; man muß sich von dem Gemeinen in uns losmachen; von sich selber muß man sich absperren und dadurch zu sich selber kommen.
»Vielleicht sagst du: ich habe meine Fesseln zerrissen. Nun ja, der Hund hat sich mit großer Mühe losgemacht; aber wie er nun fortläuft, schleppt er ein ganzes Stück von seiner Kette hinter sich her[2].« Gewöhnlich nehmen wir unsere Fesseln mit. Ganz frei sind wir dann nicht; wir sehen noch auf das

[1] Et post equitem sedet atra cura. Horaz, Od. III, 1. 40.
[2] Rupi iam vincula, dicas: / Nam luctata canis nodum arripit; attamenilli, / Quum fugit, a collo trahitur pars longa catenae. Persius, Satir. V, 158.

zurück, was wir aufgegeben haben; wir denken immer wieder daran. ...

Unser Leid sitzt in der Seele; diese kann aber nicht von sich selber los; – so muß man sie auf ihr Wesentliches zurückführen und darin zur Ruhe kommen lassen: Das ist die wahre Einsamkeit; sie kann auch mitten in der Stadt und im Gedränge eines Königshofes genossen werden, aber abseits hat man mehr davon.

Wenn wir nun die Absicht haben, allein zu leben und auf Umgang zu verzichten, müssen wir es so einrichten, daß wir in uns selbst Genüge finden; wir müssen uns auch wirklich von allen den Bindungen freimachen, die uns an andere Menschen fesseln; da müssen wir auch die Kraft aufbringen, mit dem Alleinleben Ernst zu machen und uns dabei wohl zu fühlen. ...

Es ist ja sehr schön, wenn man Frau und Kinder, Besitz und vor allem Gesundheit sein eigen nennt; aber so wichtig darf man das alles nicht nehmen, daß unser Glück ganz davon abhängt: Wir sollten uns irgendwo ein Kämmerlein reservieren, wo wir ganz zu Haus und ganz echt sein dürfen und worin wir dann die Stätte unserer wahren Freiheit, unserer eigentlichen Zurückgezogenheit und Einsamkeit aufbauen. Hier heißt es dann, täglich Zwiesprache mit uns selbst zu halten, mit uns ganz allein; alle Beziehung zu außen, alle Verbindung mit außen bleibt fern; und da setzen wir uns ernst oder lachend mit uns selbst auseinander, als ob wir keine Frau, keine Kinder, keinen Besitz und keine Bedienten hätten; wenn wir dann einmal eine von diesen Annehmlichkeiten verlieren sollten, so wollen wir schon damit vertraut sein, ohne sie auszukommen.

Wir haben eine vielgestaltige Seele; sie genügt sich selbst als Umgang; sie ist so reich, daß die Gegensätze in ihr Angriff und Verteidigung spielen, Geschenke empfangen und Geschenke austeilen können. Wenn wir so allein sind, brauchen wir nicht zu fürchten, daß wir bei diesem Alleinsein in die Langeweile des Nichtstuns versinken: »In der Einsamkeit kannst du dir selber eine große Gesellschaft ersetzen[1].« Das Moralische hat seinen Lohn in sich, es kann auf Leitung, auf Worte, auf Wirkung verzichten. Das meiste, was wir ge-

[1] In solis sis tibi turba locis. Tibull, 13. 12.

wöhnlich tun, geht uns, genau genommen, gar nichts an. ...

Jedermann ist zum Beispiel bereit, seine Gesundheit, seine Ruhe und sein Leben für Ansehen und Ruhm hinzugeben; und was er da als Zahlung erhält, ist doch die unnützeste, die wertloseste, die falscheste Münze, die es gibt. Offenbar haben wir noch nicht genug Kummer mit unserem eigenen Tod, da wollen wir uns doch auch noch den Kummer um das Sterben von Frau und Kind und Bedienten aufladen! Wir hatten nicht genug Sorgen mit unseren Geschäften, wir müssen uns unbedingt noch mit denen unserer Nachbarn und Freunde abquälen und uns darüber aufregen! –

Der Wunsch nach Einsamkeit scheint mir für diejenigen Menschen besonders lockend und angebracht, die in der Zeit ihrer Blüte und Kraft sich nach außen betätigt haben. Thales ist hier ein Vorbild. Wir haben dann genug für andere gelebt; wenigstens dieses letzte Stück Leben wollen wir nun für uns leben; unsere Gedanken und unsere Wünsche wollen wir nun endlich auf uns selbst und auf unser Wohlbefinden richten. Es ist keine leichte Rolle, die wir beim Abschied von der Welt zu spielen haben; sie enthält Schwierigkeiten genug, wir brauchen die Sache nicht noch zu komplizieren. Da uns Gott die Muße gewährt, uns auf das endgültige Scheiden einzurichten, wollen wir die Zeit zu dieser Vorbereitung nutzen; jetzt gilt es, das Bündel zu schnüren und rechtzeitig von dem, was uns lieb ist, Abschied zu nehmen und die starken Fesseln allmählich abzuwerfen, die uns mit anderen verknüpfen und uns nicht zu uns selbst kommen lassen. ...

Die Kunst, sich selbst zu gehören, ist freilich sehr schwer. Jetzt können wir der Gesellschaft nichts mehr bieten, deshalb ist es Zeit, uns von ihr zu lösen. Denn wer nichts zu geben hat, der soll zu stolz sein, um etwas zu borgen. Jetzt versagen uns unsere Kräfte den Dienst nach außen hin; da ist es Zeit, sie zurückzunehmen und sie für unser Inneres zu sammeln. ...

Sokrates lehrt: Die Jungen sollen lernen, die Männer wirken, die Alten sich zur Ruhe setzen, keine Pflichten mehr übernehmen und über ihre Lebensführung selbst entscheiden. Diese Auffassung des Ruhestands paßt für die einen besser als für die anderen, je nach ihrer Veranlagung. Den einen wird es leicht, diesen Rat zu befolgen, denjenigen nämlich, die gleichgültig und vergeßlich sind, die sich schwer zu etwas entschließen und die sich nicht gern anstellen und kommandieren lassen – zu diesen gehöre ich, schon nach meiner Naturveranlagung, aber auch nach meiner Überzeugung –; schwerer wird es den tätigen und eifrigen Leuten, die sich für alles interessieren, die überall dabei sein wollen, die für alles gleich schwärmen, die bei jeder Gelegenheit bereit sind, sich anzubieten, sich in Szene zu setzen und ihre Dienste zu verschenken. ...

Die Tätigkeit, die zu einem solchen behaglichen Lebensabend paßt, darf nicht mühsam und langweilig sein; sonst brauchten wir wenigstens nicht stolz darauf zu sein, daß wir sie uns selbst ausgesucht haben. Sie wird sich nach dem Geschmack jedes einzelnen richten müssen. Mir macht das Wirtschaften zu Haus gar keine Freude; die, die es gern tun, sollten wenigstens nicht ganz darin versinken.

»Sie sollten versuchen, sich den Dingen nicht unterzuordnen, sondern ihr Herr zu bleiben[1]«, sonst ist das Wirtschaften ein Frondienst. Bei manchen Zweigen der Wirtschaft ist der Eifer entschuldbarer, z. B. bei der Gartenpflege. Auch da gibt es einen Mittelweg zwischen der unedlen, verkrampften, versorgten Anstrengung, die man bei Leuten findet, die nichts anderes als ihren Garten im Kopfe haben, und der vollkommenen Gleichgültigkeit der anderen, die alles verwildern lassen. ...

(Nun muß ich aber noch einen anderen Gesichtspunkt zur Sprache bringen, nämlich die literarische Betätigung im Alter.) Hören wir, was der junge Plinius seinem Freunde Cornelius Rufus in bezug auf die Nutzung der Einsamkeit rät: »Ich rate dir, während der behaglichen Altersruhe, die du dir gönnen kannst, die Besorgung der Wirtschaft ganz deinen Leuten zu überlassen; denn das ist etwas Niedriges und Gemeines, und dich lieber Literaturstudien zu widmen, um daraus einen Gewinn zu ziehen, der ganz dir gehört[2].« Er meint damit das Ansehen, etwa in dem Sinne wie Cicero sagt, er wolle seine Einsamkeit und sein Freisein von Staatsgeschäften dazu verwenden, durch seine Schriften sich Unsterblichkeit zu erwerben.

Das klingt sehr richtig, da davon gesprochen wird, sich von

[1] Conentur sibi res, non se submittere rebus. Horaz, Epist. I, 1. 19.
[2] Plinius, Epist. I, 3, und Cicero, Orator. 43.

der Welt zurückzuziehen und seine Aufmerksamkeit auf etwas anderes zu richten. Aber die beiden, die ich angeführt habe, tun das nur halb. Sie richten sich wohl darauf ein, ohne die Umwelt auszukommen; aber der Gewinn, den sie dabei anstreben, der soll ihnen dann wieder aus der Umwelt zufließen, wenn sie nicht mehr am Leben sind. Das ist ein lächerlicher Widerspruch. ...

Nur das Ziel der christlichen Unsterblichkeit rechtfertigt es im Ernst, daß wir auf die Schönheiten und Freuden unseres Lebens verzichten; und wessen Seele tatsächlich und für immer von dieser lebendigen Glut von Glaube und Hoffnung ergriffen ist, der baut sich in der Einsamkeit ein Leben auf von Wonne und Glück, das höher ist als jedes andere Leben.

Der Rat des Plinius befriedigt mich also nicht, weder im Ziel noch im Weg, den er vorschlägt: Wir kommen dabei aus dem Regen in die Traufe. Die Arbeit an Büchern ist ebenso mühevoll wie jede andere Arbeit, und ebenso gesundheitsschädlich, was doch besonders in Betracht gezogen werden muß. Man darf das nicht übersehen, weil man Freude daran hat. Es ist dieselbe Freude an der Sache, die auch den Wirtschaftsfanatiker, den Geizhals, den Wollüstling, den Ehrgeizigen zu seinen Übertreibungen reizt. Die Weisen lehren uns doch, gegenüber den täuschenden Wünschen auf unserer Hut zu sein und die wahren und ganzen Freuden von den gemischten Freuden, die eigentlich nur Mühe und Arbeit machen, zu unterscheiden. ... Wenn wir schon vor dem Rausch Kopfschmerzen bekämen, würden wir uns hüten, zuviel zu trinken. Aber erst kommt die Lust, die uns täuscht und nicht daran denken läßt, was dann kommt. Bücher sind etwas Schönes; aber wenn wir durch vieles Lesen uns schließlich um alle Fröhlichkeit und um unsere Gesundheit bringen, sollten wir es lieber ganz lassen; ich neige zu der Ansicht, daß der Gewinn aus ihnen diesen Schaden nicht aufwiegt. ...

Wer sich vom üblichen Leben zurückzieht, weil es ihn nicht befriedigt, der muß sein Sonderleben vernünftig einrichten, und die Ordnung und die Richtung, die er ihm geben will, vorher reiflich überlegen. Er muß Abschied genommen haben von jedem Arbeitszwang, gleichgültig, in welcher Gestalt er auftritt; er muß überhaupt die Leidenschaften

niederhalten, die seine körperliche und geistige Ruhe stören, und »den Weg wählen, der ihm am meisten liegt[1]«. ...
Es mag ja weisere Leute geben, die sich so etwas wie eine ganz geistige Ruhe ausdenken und sich darin wohl fühlen; aber da müssen sie eine kraftvolle, unerschütterliche Seele haben. Ich habe nur eine gewöhnliche Seele; deshalb muß ich mein seelisches Wohlbefinden durch körperliche Annehmlichkeiten stützen. Da ich in dem Alter bin, wo die Genüsse, die mir besonders lagen, allmählich aufhören, muß ich nun meine Wünsche auf die Genüsse einstellen, die mir geblieben und dem Lebensherbst angemessener sind. Mit Zähnen und Krallen müssen wir die Freuden des Lebens festzuhalten suchen, welche unser Alter ja doch eine nach der anderen uns entreißt. ... Nun, wir haben gesehen, daß Plinius und Cicero uns den Ruhm als Ziel hinstellen; ich rechne ganz anders. Die geistige Einstellung, die sich mit der Altersruhe am schlechtesten verträgt, ist der Ehrgeiz; Ruhm und Ruhe können nicht zusammenwohnen. Die ehrgeizigen Alten haben zwar Arme und Beine dem Gewimmel entzogen; aber ihr Inneres, ihre Neigung, ist mehr als je in der Welt verstrickt. ...
Seneca sagt etwas Ähnliches in einem Brief an Lucilius: »Bis jetzt habt ihr gelebt wie ein Schwimmer oder ein Seefahrer; kommt nun zum Sterben in den Hafen. Bis jetzt verlief euer Leben im Licht; kommt nun zum Abend in den Schatten. Ihr könnt unmöglich von den Mühen loskommen, wenn ihr euch nicht von dem Ziel dieser Mühen freimacht. Laßt deshalb alle Sorgen um Ruhm und Namen. ... Die Lüste reizen euch nicht mehr; entsagt nun auch der letzten Lust, der Lust am Beifall anderer. Was ihr wißt und könnt, dem braucht ihr nicht nachzutrauern; es ist nicht verloren, wenn ihr selbst daran gewachsen seid. ... Nicht darauf soll es euch ankommen, daß von euch gesprochen wird, sondern darauf, wie ihr selbst mit euch fertig werdet. Zieht euch auf euer Inneres zurück; aber vorher bereitet dies euer Inneres darauf vor, daß es euch dort einen würdigen Empfang bereitet.« ...

[1] Unusquisque sua noverit ire via. Properz II, 25. 38

Über die Kannibalen[1]

Ich habe lange mit einem Mann verkehrt, der zehn oder zwölf Jahre in dieser anderen Welt gelebt hat, die in unserem Jahrhundert entdeckt worden ist, in Brasilien, an der Küste, wo Villegaignon landete. Er nannte das Land antarktisches Frankreich. ...

Es war ein einfacher, ungebildeter Mann; gerade dieser Umstand macht sein Zeugnis glaubwürdig. Denn kultivierte Leute sind zwar wißbegieriger und sehen mehr, aber sie wollen alles erklären; und um ihre Deutung wahrscheinlich und für andere einleuchtend zu machen, laufen sie Gefahr, die Tatsachen etwas zu fälschen. ... Für unseren Zweck aber muß der Berichterstatter absolut zuverlässig sein, oder so einfach, daß er nicht in der Lage ist, sich etwas auszudenken und seinen Erfindungen den Anschein der Wahrheit zu geben; er darf sich nicht in seine Vorstellungen verliebt haben. Das traf bei meinem Gewährsmann zu; außerdem hat er mir mehrmals Matrosen und Kaufleute gezeigt, die er auf dieser Reise kennengelernt hatte. So stütze ich mich denn auf diesen Gewährsmann und berücksichtige die Darstellungen der Kosmographen nicht. ...

Um nun zu meinem ursprünglichen Thema zurückzukommen: Nach diesem Bericht sind die Völker dort durchaus nicht barbarisch oder wild; gewöhnlich freilich wird alles als Barbarei bezeichnet, was ungewohnt ist. Eigentlich lassen wir ja als richtig und vernünftig nur das gelten, was in dem Lande, wo wir sind, vorkommt und was zu den hier üblichen Anschauungen und Gebräuchen paßt. Wo wir leben, da ist immer die einzig richtige Religion, die einzig richtige Politik; alles, was man dort tut, ist musterhaft und vollkommen. Die Einwohner dieses fernen Landes sind Wilde in dem Sinne, wie man als Wildobst solche Früchte bezeichnet, welche die Natur auf dem gewöhnlichen Wege von sich aus hervorgebracht hat. Durch unsere Eingriffe haben wir diese ja

[1] In diesem Kapitel legt Montaigne seine Auffassung über die Frage vor: Was versteht man unter Barbarei?

eigentlich verfälscht und der Normalentwicklung entfremdet; unser verfälschtes Obst sollten wir lieber Wildobst nennen; in den natürlich gewachsenen Früchten leben und wirken die eigentlichen, die nützlichsten, die natürlichen Kräfte und Eigenschaften; durch die Umzüchtung in der Richtung unseres verdorbenen Geschmackes haben wir gerade diese Naturkräfte in ihnen verkümmern lassen; und doch weisen manche Früchte in diesen Ländern, ohne jede Pflege durch den Menschen, auch für unseren Gaumen, einen ausgezeichneten, würzigen und feinen Geschmack auf, der es mit dem unserer Früchte durchaus aufnehmen kann. Die Kunst zeigt sich eben doch unserer großen und mächtigen Mutter Natur nicht überlegen. Wir haben den Reichtum und die Schönheit ihrer Werke durch unsere Erfindungen so überdeckt, daß wir sie vollständig erstickt haben: Und doch beschämt sie, wo sie in ihrer Reinheit hervorleuchtet, alles menschliche Tun; es erscheint daneben nichtig und unwesentlich. ... Es gelingt uns mit aller Anstrengung nicht, etwas zu schaffen wie das Nest des unscheinbarsten Vögleins, mit seinem sinnvollen, schönen und zweckmäßigen Bau, oder wie das Netz der winzigen Spinne. ...

Also: diese fremden Völker kommen uns so barbarisch vor, weil sie vom menschlichen Geist wenig umgestaltet und ihrem Originalzustand noch sehr nahe sind. Bei ihnen sind die Naturgesetze noch in Geltung; sie sind durch menschliche Gesetze noch wenig verdorben. Ich bedaure oft, daß wir von diesem Urzustand nicht früher in Europa etwas erfahren haben, zu einer Zeit, als es Menschen gab, die sich so etwas besser vorstellen konnten als wir. Es ist schade, daß Lykurg und Plato nichts davon gewußt haben. Denn was wir bei diesen Völkern in der Wirklichkeit erleben, ist mehr als alle Bilder, die die Dichter sich ausgemalt haben, um damit die Vorstellung vom goldenen Zeitalter auszuschmücken, und als alle Utopien von Menschenglück, ja mehr, als in den Konstruktionen und sogar in den Wunschbildern der Philosophie enthalten ist: Kein Dichter und kein Philosoph hat eine so reine und einfache Natürlichkeit ausdenken können, wie wir sie hier verwirklicht sehen; keiner hat es für möglich gehalten, daß die menschliche Gesellschaft mit so wenig künstlichen Zwangsmitteln bestehen könne.

Wenn Plato noch lebte, würde ich ihm sagen: Hier lebt ein

Volk, wo es gar keinen Handel gibt, keine Schrift, kein Rechnen, keine Vorgesetzten in Stadt und Staat, keine Dienenden, keine Reichen und keine Armen, keine Verträge, kein Erbrecht und keine Erbteilung, keinen Beruf, der zur Arbeit zwingt, keine Rangordnung in der Familie, keine Kleidung, keinen Ackerbau, keine Wein- oder Getreidekultur; selbst die Begriffe: Lüge, Verrat, Heuchelei, Geiz, Neid, Verleumdung, Verzeihung bedeuten dort nichts. Plato müßte zugeben, daß der Idealstaat, den er sich ausgedacht hat, bei weitem nicht so vollkommen ist wie dieser. »Dort sind die Menschen, wie sie aus Gottes Hand hervorgehen[1].« ...
(Die Utopie dieses südamerikanischen Ideallandes wird breit ausgeführt. Es folgen einige Proben.)
Als Nahrung haben sie viel Fische und allerlei Fleischsorten, die von den uns bekannten ganz verschieden sind; diese kochen sie nur; andere künstliche Zubereitung kennen sie nicht. ...
Als Betten benutzen sie gewebte Matten, die, ähnlich wie unsere Schiffshängematten, am Dach aufgehängt sind; jeder hat seine eigene, denn die Frauen schlafen mit ihren Männern nicht zusammen. Sie stehen mit Sonnenaufgang auf und essen dann sofort für den ganzen Tag; sie halten keine weitere Mahlzeit. Dabei trinken sie nichts; aber sie trinken dann mehrmals am Tage, und zwar ordentlich. Ihr Getränk wird aus Wurzeln hergestellt; es hat die Farbe unseres Blaßrotweins; es wird immer lau getrunken. Es hält sich nur drei Tage; es schmeckt etwas scharf, ist gar nicht berauschend, gut für den Magen, etwas abführend für die, welche nicht daran gewöhnt sind; denen, die es kennen, schmeckt es sehr gut. ...
Die jungen Männer jagen Wild mit Pfeil und Bogen. Ein Teil der Frauen kocht inzwischen ihren Trunk; das ist ihre Hauptbeschäftigung. ... Sie rasieren sich überall, und zwar viel glatter als wir, haben aber nur Rasiermesser aus Holz oder Stein. Sie glauben an die Unsterblichkeit der Seele; die Seligen wohnen, wo die Sonne aufgeht; die Verdammten nach Sonnenuntergang zu. ...
Sie haben Propheten, die ihnen die Zukunft voraussagen, speziell die Erfolge, die sie bei ihren kriegerischen Unternehmungen zu erwarten haben; danach raten sie zum Krieg oder

[1] Viri a diis recentes. Seneca, Epist. 90.

sprechen dagegen; deshalb werden sie aber auch, wenn sie falsch prophezeit haben, und wenn die Sache anders läuft, als sie vorausgesetzt haben, als falsche Propheten verurteilt und, wenn sie erwischt werden, in tausend Stücke zerhackt. Deshalb bekommt man die, die sich einmal verrechnet haben, nie wieder zu sehen. ...
In den Krieg ziehen sie nackt; als einzige Waffe haben sie Bogen und vorn zugespitzte Holzschwerter. Ihre Standhaftigkeit im Kampf ist erstaunlich; sie hören nie auf, ehe der Gegner tot ist oder ehe der Blutverlust sie dazu zwingt; denn Flucht und Angst ist ihnen unbekannt. Jeder Sieger bringt als Trophäe den Kopf des Feindes, den er getötet hat, mit und befestigt ihn an der Tür seiner Wohnung. Die Gefangenen werden zunächst sehr gut behandelt; dann lädt der Sieger seine Genossen zu einer großen Versammlung. Er fesselt einen Arm des Gefangenen mit einem Strick und hält ihn daran, einige Schritte von sich entfernt, damit dieser ihm nichts tun kann; seinen besten Freund läßt er den anderen Arm in gleicher Weise festhalten; und dann stechen sie ihn vor der ganzen Versammlung tot. Hierauf braten sie ihn, essen alle gemeinsam Stücke von ihm und schicken auch ihren Freunden etwas, die nicht haben kommen können. Das geschieht nicht, wie man denken könnte, um ihren Hunger zu stillen; sondern diese Handlung ist eine symbolische Darstellung der äußersten Rache. ...
Ich habe durchaus nichts dagegen einzuwenden, daß man in einem solchen Vorgehen eine furchtbare Barbarei sieht; wohl aber dagegen, daß wir zwar ihre Fehler verdammen, aber so blind gegen unsere eigenen Fehler sind. Es ist doch viel barbarischer, einen lebenden Menschen zu martern, als ihn nach dem Tode aufzuessen; einen Körper, der noch alles fühlt, zu foltern, ihn langsam zu verbrennen, ihn von Hunden und Schweinen totbeißen und totquetschen zu lassen (wie wir das nicht nur in alten Berichten lesen können, sondern wie wir es eben noch erlebt haben, und zwar nicht alten Feinden gegenüber, sondern unter Nachbarn und Bürgern derselben Gemeinde, und, was die Sache noch schlimmer macht, unter dem Vorwand von Glauben und Frömmigkeit), als ihn zu braten und zu verspeisen, nachdem er gestorben ist. ...
Wir können die Wilden also Barbaren nennen, wenn wir ihr Vorgehen von der Vernunft aus beurteilen, aber nicht, wenn

wir sie mit uns vergleichen; denn wir sind in vieler Beziehung barbarischer. Was sie zum Kampf treibt, ist eine hohe und edle Gesinnung; wenn am Kriege, dieser Pest der Menschheit, irgend etwas schön und entschuldbar ist, so findet sich das bei ihnen. Bei ihnen bedeutet der Kampf nur eine Kraftprobe. Sie streiten nicht, um neue Gebiete zu erobern; denn die Natur ist bei ihnen noch so reich, daß sie ihnen, ohne Mühe und Arbeit, alles liefert, was sie brauchen, und zwar so reichlich, daß es für sie zwecklos wäre, ihr Gebiet zu erweitern. Sind sie doch noch in der glücklichen Verfassung, daß sie keine weitergehenden Wünsche haben als solche, die auf die Befriedigung ihrer natürlichen Bedürfnisse hinausgehen. ...

Die Sieger tragen keinen anderen Gewinn davon als das ruhmreiche Bewußtsein, sich an Kraft und Mut überlegen gezeigt zu haben; auf die Habe des Unterlegenen legt man keinen Wert. Dann kehren sie in ihr Land zurück, wo ihnen ja nichts abgeht, was zum Leben nötig ist, wo aber vor allem der andere wichtige Teil der Lebenskunst zu Hause ist, daß sie sich an dem freuen, was sie haben, und daß sie sich damit zufrieden geben. Von den Gefangenen verlangt man kein Lösegeld, sie müssen nur öffentlich bekennen und zugeben, daß sie besiegt sind. Aber alle wollen lieber sterben als durch ihre Haltung oder durch ihr Wort sich von dem Ruhm ihrer Unbesiegbarkeit etwas zu vergeben; alle ziehen es vor, sich totschlagen und aufessen zu lassen, ehe sie nur die Bitte aussprechen, davon abzusehen. Die Gefangenen werden sehr gut behandelt, damit das Leben für sie an Wert gewinnt. Nur droht man ihnen fortgesetzt damit, daß der Tod sie erwartet, malt ihnen aus, was für Qualen sie da auszustehen haben, wie alles schon dafür vorbereitet wird, wie dann ihre Glieder zerstückelt werden, und wie man das Festmahl feierlich zu begehen gedenkt. Damit bezweckt man nur, ihnen ein Wort des demütigen Nachgebens zu entreißen oder sie zur Flucht zu reizen; man erhofft dadurch den Triumph, sie zu erschrecken oder ihre moralische Widerstandskraft zu brechen. Genau genommen besteht ja jeder wahre Sieg nur hierin.

»Ein Sieg verdient nur dann seinen Namen, wenn der Feind auch innerlich unterjocht ist und seine Niederlage zugeben muß[1].« ...
Die Achtung, die ein Mensch verdient, und sein Wert hängen ab von seinem Mut und seinem Willen: Hierin liegt seine wahre Ehre. Tapfer sein ist dasselbe wie fest sein, fest nicht mit den Beinen und Armen, sondern fest im Mut und in der Seele. Tapferkeit läßt sich nicht am Wert unseres Rosses und unserer Waffen messen, sondern nur an unserem Eigenwert. ...

[1] Victoria nulla est, / quam quae confessos animo quoque subjugat hostes. Claudian, De sexto cons. Honorii. V. 248.

ADELBERT VON CHAMISSO

Reise um die Welt

[...]

Wahrlich, ich möchte in der Region der Palmen wohnen und gewahren von da den alten Unhold auf die Zinnen des Gebürges gebannt. Gern auch wollte ich ihm in seinem Reiche mit Parry oder Roß einen Staatsbesuch abstatten; aber hart finde ich es, ihn daheim die halbe Zeit des Jahres zu beherbergen. Wir haben während der drei Jahre in zwei nordischen Sommern nur etliche Nachtfröste erduldet, wie solche eben auch bei uns in dieser Jahreszeit nichts Unerhörtes sind.

Wir hatten stets günstige Nord- und Nordwestwinde: Die Nachtgleichen und der Vollmond brachten uns nur einen starken Wind, der fast zum Sturme sich erhob und vor welchem wir mit vollen Segeln schnell vorwärts kamen.

Wir steuerten nach San Francisco in Neu-Kalifornien. Herr von Kotzebue, der über die Sandwich-Inseln, wohin er seinen Instruktionen gemäß von Unalaschka aus segeln sollte, von den Schiffskapitänen der Amerikanischen Kompanie sehr gut berichtet worden war, hatte diesen Inseln, wo die Frequenz der Schiffe den Preis aller Bedürfnisse gesteigert hat und wo nur mit spanischen Piastern oder mit Kupferplatten, Waffen und ähnlichem bezahlt werden kann, jenen Port als Rast- und Erholungsort für seine Mannschaft und zur Verproviantierung des »Rurik« vorgezogen.

Ich werde, da ich von der Fahrt selbst nichts zu berichten habe, einiges hier einschalten, das mir noch nicht in die Feder geflossen ist. Bei der Schiffsordnung, die ich früher beschrieben habe, zu welcher noch hinzukam. daß das Licht abends um zehn Uhr ausgelöscht wurde, und bei der einförmig ruhigen, aller anstrengenden Bewegung entbehrenden Lebensart konnte unsereiner nicht alle Stunden, worin er still zu liegen verdammt war, mit festem, bewußtlosem Schlafe ausfüllen, und eine Art Halbschlaf nahm einen großen Teil des Lebens mit Träumen ein, von denen ich euch unterhalten will. Ich träumte nie von der Gegenwart, nie von der Reise, nie von der Welt, der ich jetzt angehörte; die Wiege des Schiffes wiegte mich wieder zum Kinde, die Jahre wurden zurückgeschraubt, ich war wieder im Vaterhause, und meine Toten und verschollene Gestalten umringten mich, sich in alltäglicher Gewöhnlichkeit bewegend, als sei ich nie über die Jahre hinausgewachsen, als habe der Tod sie nicht gemäht. Ich träumte von dem Regimente, bei welchem ich gestanden, von dem Gamaschendienst; der Wirbel schlug, ich kam herbeigelaufen, und zwischen mich und meine Kompanie stellte sich mein alter Obrist und schrie: »Aber Herr Leutnant, in drei Teufels Namen!« – O dieser Obrist! Er hat mich, ein schreckender Popanz, durch die Meere aller fünf Weltteile, wann ich meine Kompanie nicht finden konnte, wann ich ohne Degen auf Parade kam, wann – was weiß ich, unablässig verfolgt: und immer der fürchterliche Ruf: »Aber Herr Leutnant: aber Herr Leutnant!« – Dieser mein Obrist war im Grunde genommen ein ehrlicher Degenknopf und ein guter Mann; nur glaubte er, als ein echter Zögling der ablaufenden Zeit, daß Grobsein notwendig zur Sache gehöre. Nachdem ich von der Reise zurückgekehrt, wollte ich den Mann wiedersehen, der so lange die Ruhe meiner Nächte gestört. Ich suchte ihn auf: Ich fand einen achtzigjährigen, stockblinden Mann, fast riesigen Wuchses, viel größer als das Bild, das ich von ihm hatte, der in dem Hause eines ehemaligen Unteroffiziers seiner Kompanie ein Stübchen unten auf dem Hofe bewohnte und von einigen kleinen Gnadengehalten lebte, da er im unglücklichen Kriege, mehr aus Beschränktheit als aus Schuld, allen Anspruch auf eine Pension verwirkt hatte. – Fast verwundert, von einem Offizier des Regimentes, bei dem er nicht beliebt war, aufgesucht zu werden, und nicht maßzuhalten wissend, war er gegen mich von einer übertriebenen Höflichkeit, die mir in der Seele wehe tat. Wie er mir die Hand reichte, befühlte er mit zwei Fingern das Tuch meines Kleides, und was in diesem Griffe lag – ich weiß es nicht, aber ich werde ihn nie vergessen. – Ich schickte ihm etliche Flaschen Wein als ein freundliches Geschenk, und als er, ich glaube im folgenden Jahre, verschied, fand es sich, daß er mich zu seinem Leichenbegängnis einzuladen verordnet hatte. Ich folgte ihm allein mit einem alten Major des Regimentes und seinem Unteroffizier; – und Friede sei seiner Asche!

[...]
Aber ich kehre zu unserer Fahrt zurück. Wir segeln am 2. Oktober 1816 nachmittags um vier Uhr in den Hafen von San Francisco hinein. Große Bewegung zeigt sich auf dem Fort am südlichen Eingange des Kanals; sie ziehen ihre Flagge auf, wir zeigen die unsere, die hier nicht bekannt zu sein scheint, und salutieren die spanische mit sieben Schüssen, welche nach dem spanischen Reglement mit zwei weniger erwidert werden. Wir lassen die Anker vor dem Presidio fallen, und kein Boot stößt vom Ufer, zu uns zu kommen, weil Spanien auf diesem herrlichen Wasserbecken kein einziges Boot besitzt.
Ich ward sogleich beordert, den Leutnant Schischmarew nach dem Presidio zu begleiten. Der Leutnant Don Luis de Arguello, nach dem Tode des Rittmeisters Kommandant ad interim, empfing uns ausnehmend freundschaftlich, sorgte augenblicklich für die nächsten Bedürfnisse des »Ruriks«, indem er Obst und Gemüse an Bord schickte, und ließ noch am selben Abende einen Eilboten an den Gouverneur von Neu-Kalifornien nach Monterey abgehen, um demselben unsre Ankunft zu melden.
Am andern Morgen (den 3.) traf ich den Artillerieoffizier Don Miguel de la Luz Gomez und einen Pater der hiesigen Mission, die eben an das Schiff kamen, als ich selbst im Auftrage des Kapitäns nach dem Presidio gehen wollte. Ich geleitete sie an Bord: sie waren die Überbringer der freundlichsten Hülfsverheißungen von seiten des Kommandanten und der viel vermögenderen Mission. Der geistliche Herr lud uns außerdem auf den folgenden Tag, der das Fest des Heiligen war, auf die Mission von San Francisco ein, wohin zu reiten wir Pferde bereit finden würden. Auf den ausgesprochenen Wunsch des Kapitäns wurden wir sofort mit Schlachtvieh und Vegetabilien auf das reichlichste versorgt. Nachmittags wurden die Zelte am Lande aufgerichtet, das Observatorium und das russische Bad. Am Abend statteten wir dem Kommandanten einen Besuch ab. Acht Kanonenschüsse wurden zum Empfang des Kapitäns von dem Presidio[1] abgefeuert.
Nicht aber nach diesen überflüssigen Höflichkeitsschüssen,

[1] Das Presidio von San Francisco

sondern nach den zweien der russischen Flagge schuldig gebliebenen begehrte der Kapitän, und er bestand mit Beharrlichkeit auf deren Erstattung. Darüber ward lange unterhandelt, und nur unwillig und gezwungen (ich weiß nicht, ob nicht erst auf Befehl des Gouverneurs) bequemte sich endlich Don Luis de Arguello, die zwei vermißten Schüsse nachträglich zu liefern. Es mußte noch einer unserer Matrosen nach dem Fort kommandiert werden, um die Leine zum Aufziehen der Flagge wieder in Ordnung zu bringen; denn sie war bei dem letzten Gebrauch zerrissen, und es war unter den Einheimischen niemand, der vermocht hätte, an dem Mast hinaufzuklettern.

[...]

Aber ich bin in London und spreche bis jetzt von London nicht. – Man trifft auch anderswo naturhistorische Sammlungen an und dem Fremden hülfreich gefällige Gelehrte. Manche Stadt ist reicher als diese an Schätzen der Kunst.

Wahrlich, ich wanderte nicht (als) ein Blinder durch diese bewunderungswürdige Welt, welche sich mir, von den Parlamentswahlen aufgeregt, in ihrem Wesen enthüllte. Auf dem öffentlichen Markte bewegt sich in England das öffentliche Leben mit Parlamentswahlen, Volksversammlungen, Aufzügen, Reden aller Arten. – Was hinter Mauern gesprochen wird, hallt auf den Straßen nach, die zu allen Zeiten von Ausrufern, von Ausstreuern von Flug- und Zeitschriften, nachts von transparenten Bildern und Inschriften durchströmet werden. Die Mauern von London mit ihren politischen Plakaten sind für den Fremden, der seinen Augen nicht traut, das märchenhaft wundersamste, das unglaublichste Buch, das er je zu sehen bekommen kann. Und diese heiligen Freiheiten sind es, die das Gebäude sicherstellen, indem sie jeglicher Kraft, und auch der zerstörenden, ihr freies Spiel in die freien Lüfte hin zugestehen. Diese heiligen Freiheiten sind es, welche die notwendig gewordene, zu lange verzögerte, zeitüberreife Revolution, die zu bewirken jetzt England geschäftig ist, hoffentlich als ruhige Evolution gestalten werden – eine Revolution, die längst schon jeden anderen Boden mit schauerlichem, aus Staub und Blut gemischtem Schlamme überspült hätte.

Der Herzog von Wellington hat durch das unzeitig widerstrebende Wort »No reform« diese Revolution begonnen. Er hat das Schiff dem Winde und Strome übergeben, die es unwiderstehlich dahinreißen; derselbe Herzog hat sich jetzt des Steuerruders angemaßt und verspricht sich, es unter gerefften Sturmsegeln an den Klippen vorüberzusteuern, aber abwärts, immer abwärts dem Ziele zu.

Zu Vergleichungen geneigt, werfe ich abseits von London den Blick zuerst auf Paris. Da sollen las narizes del volcan, die Sicherheitsventile des Dampfkessels, zugedammt und zugelötet werden. Das öffentliche Leben wird in das innere Gebäude gewaltsam eingezwängt und kann sich nur als Emeute oder Aufruhr einen Weg auf den Markt bahnen. Auf den Mauern von Paris werden noch nur neben den Theater-Anschlagezetteln Buchhändleranzeigen und dergleichen mehr Privatangelegenheiten verhandelt. Da erhebt der Kaufmann seine Ware über die seines Nachbars, da führt Brotneid kleinliche Zwiste usw.

Man ist über dem Rheine zu keinem öffentlichen Leben erwacht. Daß es trotzdem Gesinnungen gibt, tüchtige, tatenmächtige, hat das Jahr 1813 dargetan, wird jedes dem ähnliche Sternenjahr dartun, das über Deutschland aufgehen wird. – Man liest in Berlin noch an den Straßenecken die Komödien- und Konzertzettel, den Anschlagzettel vom großen Elefanten, vom starken Manne und von den Dingen überhaupt, die da zu sehen sind; endlich noch Versteigerungsankündigungen.

In Sankt Petersburg darf kein Erzeugnis der Presse den Augen des Volkes ausgestellt werden. Die Mauern werden rein gehalten, und der Komödienzettel wird unter dem Mantel in die Häuser eingeschwärzt, die nach demselben begehren.

Ich kehre zurück, von wo ich ausgegangen. Ich las von den Mauern Londons das Plakat ab, womit sich Lord Thomas Cochrane von seinen Kommittenten, den Wählern von Westminster, verabschiedete. Nach manchen Schmähungen gegen die Minister kam er auf den Helden zu sprechen, den jene widergesetzlich, widerrechtlich auf Sankt Helena gefangenhielten. Sie selber, nicht Napoleon, gehörten in diesen Kerker. Es gebühre sich, ihn zu befreien und sie an seiner Statt einzusperren. Stünde sonst keiner auf, solches zu unternehmen, er, Lord Thomas Cochrane, sei der Mann, es zu tun.

Dieses Kriegsmanifest hatte in London nichts Anstößigeres

als in Berlin der Anschlagzettel der Oper »Alcidor«. Es stand im Schutze der Sitte.

Ich kam vor das Wahlgerüste für Westminster auf Covent Garden eine halbe Stunde zu spät, um den Premierminister, zur Rüge eines unpopulären Verfahrens bei Ausübung seines Rechtes als Wähler, mit Kot bewerfen zu sehen; eine echt volkstümliche Lustbarkeit, der beigewohnt zu haben der lernbegierige Reisende für eine wahre Gunst des Schicksals ansehen müßte.

Wir wissen noch aus Überlieferung, daß sonst zu den akademischen Freiheiten der auf deutschen Hochschulen studierenden Jugend die allenfalls mit etlichen Tagen Karzer zu erkaufende Befugnis gehörte, einem mißfälligen Lehrer die Fenster einzuwerfen, ohne daß von Verschwörung gegen Kirche und Staat die Rede war. Bei solchen Gelegenheiten flog einmal dem alten Johann Reinhold Forster ein faustdikker Stein auf den Arbeitstisch; den Stein nahm er zornig auf, und das Fenster aufreißend, warf er ihn den Studenten wieder zurück, ihnen zurufend: »Den hat ein Fuchs geworfen!«

Ähnliches kam, ins Englische übersetzt, bei den mehrerwähnten Wahlen vor. Das Volk hatte von seiner unbestrittenen Befugnis gegen einen ministeriellen Kandidaten Gebrauch gemacht und denselben mit Kot beworfen. Aber auch ein Stein war geflogen; wenigstens gab der Gemißhandelte vor, von einem solchen getroffen worden zu sein, und legte sich zu Bette. Es wurden Bulletins ausgegeben, und der schicksalige Stein schien mit Stimmen, die dem Verletzten zuflossen, aufgewogen werden zu sollen. Sein Gegner hielt, als ich vor das Gerüste trat, eine Rede, worin er das Ereignis besprach. Er erklärte: Derjenige, welcher jenen Stein geworfen, könne kein Engländer gewesen sein; da deckte der rauschende Beifall der Versammlung die Stimme des Redners.

Am 26. Juni 1818 um vier Uhr nachmittags brachte mich Herr Hunnemann zu dem Wagen, der nach Portsmouth abfuhr. Meine Ankäufe, die er einpacken zu lassen übernommen hatte, füllten eine mäßige Kiste, die ich mit auf den Wagen nahm. Ich umarmte den mir unvergeßlichen Landsmann und nahm Abschied von der Weltstadt London.

Ich war am 27. Juni in Portsmouth. Ich fand keine Briefe vor; kein Gegengruß von meinen Lieben erreichte mich in Eng-

land, keine Nachricht von ihnen. Der »Rurik« ging am 29. auf die Reede und am 30. unter Segel. Wir gingen am 1. Juli durch die Dover-Straße, verloren am 2. das Land aus dem Gesichte, sahen Jütland am 10., gingen am 11. durch den Sund und waren am 12. vor Kopenhagen. Wir sollten, ohne anzuhalten, vorüberfahren; der Wind, der uns gebrach, entschied es anders. Ich durfte auf eine flüchtige Stunde ans Land. Ich empfing den ersten Gruß von der Heimat und umarmte die alten Freunde.
Wir lichteten am 13. die Anker. Wir liefen am 23. in den Hafen von Reval ein, wo der Kapitän den Herrn von Krusenstern sprechen wollte. Dieser war nicht in der Stadt und traf erst am dritten Tag ein. Wir gingen am 27. unter Segel, waren am 31. Juli vor Kronstadt; am 3. August 1818 lag der »Rurik« zu Sankt Petersburg in der Newa vor dem Hause des Grafen Romanzow vor Anker.
Der Graf war auf seinen Gütern in Kleinrußland und mußte erwartet werden, um die kleine Welt aufzulösen, die so lange in seinem Namen zusammengehalten hatte. Herr von Krusenstern traf erst ungefähr vierzehn Tage nach uns ein. Es wurden etliche obere Zimmer im Hause des Grafen Romanzow dem Herrn von Kotzebue und seiner Schiffsgesellschaft eröffnet; mich selbst zog ein hier ansässiger Preuße, ein Universitätsfreund, gastlich an seinen Herd; ich verließ den »Rurik«.
Aber ich hatte keinen Paß, und hier war die Polizei gegen Fremde viel vorzüglicher eingerichtet als in England. Indes hatte ich an der preußischen Gesandtschaft vorläufig einen Schutz, und was läßt sich nicht ins Geleise bringen, wenn man Freunde hat.
Ich hatte in Sankt Petersburg nur das eine Geschäft, mich so bald als möglich von Sankt Petersburg frei zu machen. Ich kehrte mich von jeder Aussicht ab, die mir in Rußland eröffnet werden sollte, und wich hartnäckig jedem Antrag aus, mich durch irgendein Verhältnis binden zu lassen. Mich zog heimatlich ein anderes Land. Ich werde diesem Geschwätze hohe Namen nicht einmischen. Mein Herz hing an Preußen, und ich wollte nach Berlin zurückkehren.
Ich habe in Sankt Petersburg nur mit Deutschen, nur mit Sprach- und Herzensverwandten vertraulich gelebt; ich bin in das russische Leben nicht eingedrungen; ich werde nur

über die äußere Erscheinung der Stadt einige flüchtige Bemerkungen hinwerfen, zu denen mich die Vergleichung mit London auffordert.
London ist, entsprechend dem Begriffe einer großen Stadt, ein riesenhafter Menschen-Ameisenhaufen, ein unermeßlicher Menschen-Bienenbau, bei dessen Ansätzen ungleiche Kräfte unregelmäßige Zellen hervorgebracht haben. Das Bedürfnis hat die Menschen zusammengebracht; sie haben nach dem Bedürfnis sich angebaut; ein Naturgesetz, das als Zufall erscheint, hat den Plan vorgezeichnet, die Willkür hat keinen Teil daran; und wenn die Stadt stellenweise dekoriert worden, beweist es bloß, daß Dekorieren dem Menschen zum Bedürfnis geworden ist.
Sankt Petersburg ist eine großartig angelegte und prächtig ausgeführte Dekoration. Die Schiffahrt, die zwischen Kronstadt und dem Ausfluß der Newa das Meer belebt, deutet auf einen volk- und handelreichen Platz! Man tritt in die Stadt ein – das Volk verschwindet in den breiten, unabsehbar langgezogenen Straßen, und Gras wächst überall zwischen den Pflastersteinen.
Dekoration im einzelnen wie im ganzen: der Schein ist in allem zum Wesen gemacht worden. Mit den edelsten Materialien, mit Gußeisen und Granit, wird dekoriert; aber man findet stellenweise, um die unterbrochene Gleichförmigkeit wiederherzustellen, den Granit als Gußeisen geschwärzt und das Gußeisen als Granit gemalt. Die Stadt wird alle drei Jahre aufs neue und in den Farben, die polizeilich den Hauseigentümern vorgeschrieben werden, angestrichen, außerdem noch außerordentlich bei außerordentlichen Gelegenheiten, zum Empfang eines königlichen Gastes und dergleichen mehr; dann wird auch das Gras aus den Straßen ausgereutet. Der Herrscher sprach einst das Wohlgefallen aus, mit welchem er auf einer Reise massive Häuser gesehen, an denen alles Holzwerk, Türen und Fensterladen, von Eichenholz gewesen. Darauf wurden Maler polizeilich angelernt und Türen und Fensterladen aller Häuser der Stadt auf Kosten der Eigentümer als Eichenholz bemalt. Da kamen die Maler in das Viertel, wo die reichen englischen Handelsherren wohnen und wo der Luxus eichenhölzerner Türen und Fensterladen nicht selten ist – und sie begannen, das wirkliche Eichenholz wie Eichenholz zu übermalen. – Die Eigentümer verwahrten

sich dagegen und schützten vor, es sei ja schon Eichenholz – vergebens; der Vorschrift einer hohen Polizei mußte genügt werden.
Mit Monumenten, denen man Heiligkeit beizulegen sich volkstümlich beeifern sollte, wird wie mit eiteln Dekorationen verfahren und gespielt. Die Romanzow-Säule wird von einem Ufer der Newa auf das andere hinübergebracht, um dort zu einem neuen Point de vue zu dienen, und es wird beantragt, die Statue des Zaren Peters des Großen zu einer ähnlichen Verschönerung von der Stelle, die sie jetzt einnimmt, zu verrücken.
Es ist mir schmerzlich, hier ein scharfes Urteil sprechen zu müssen, welches gleiche Unheiligkeit trifft, deren man sich in der Heimat auch schuldig gemacht. Aber was ist denn ein Monument? Ein Fleck Erde wird dem Gedächtnis eines Mannes oder einer Tat geweiht; da setzt man einen Stein auf und peitscht die Kinder bei dem Steine und sagt ihnen dabei: Erinnert euch an das und das. So wird unter den Menschen die Sage, die mündliche Überlieferung an ein bestimmtes Äußeres gebunden. – Das ist im wesentlichen ein Monument. Daß ihr später Buchstaben in den Stein graben gelernt und den Stein selbst nach dem Bildnisse eines Menschen meißeln, das sind außerwesentliche Zugaben. Wälzt den Stein von seinem Orte fort, so habt ihr nur einen Stein, wie andere Steine mehr auf dem Felde sind. Verrückt das Standbild von seiner Stelle, so setzt ihr es auf seinen Kunstwert herab, so habt ihr nur noch ein Bild, wie ihr der Bilder mehr in euren Museen habt, die sonst in Tempeln Götter gewesen sind. – Legt nicht Hand an ein volkstümliches Monument, legt nicht Hand an die Statue eines eurer Helden: der Ort, wo sie steht, gehört ihr, ihr habt kein Recht mehr daran. Errichtet Monumente auf Plätzen, wo man sie sehen kann, nicht aber zu eiteler Verschönerung, und wählt bedächtig den Ort, den ihr nicht willkürlich verändern dürft!
[...]

Russisches Märchen

Alt war väterchen zar geworden, sehr alt. Nicht einmal das täubchen konnte er mehr mit eigenen händen erwürgen. Kalt und golden saß er auf seinem thron. Nur der bart wuchs ihm bis auf den boden und tiefer. Damals regierte ein anderer, niemand wußte, wer. Das neugierige volk spähte durchs fenster in den palast, aber Kriwonossow hatte die fenster mit galgen verhängt. So sahen nur die gehenkten etwas.
Schließlich war väterchen zar richtig gestorben. Glocken läuteten, doch der leichnam wurde nicht fortgetragen. Väterchen zar war angewachsen an den thron. Die beine des throns hatten sich mit den zarenbeinen vermengt. Die hand war in die lehne hineingewachsen. Man hat ihn nicht losreißen können. Aber den zaren zusammen mit dem goldenen thron beizusetzen – war zu schade.

Klassiker

Riesiges holzohr, verstopft mit watte und Ciceros kaltem kaffee. Großer stilist – sagen alle. Niemand schreibt heute so lange sätze mehr. Und wie gelehrt. Sogar im stein kann er lesen. Nur fällt ihm nie auf, daß die marmoräderchen in Diokletians thermen geplatzte blutgefäße der sklaven aus den steinbrüchen sind.

GEORG BÜCHNER

Woyzeck

Es war eimal ein arm Kind und hat kei Vater und kei Mutter war Alles todt und war Niemand mehr auf der Welt. Alles todt, und es ist hingangen und hat greint Tag und Nacht. Und weil auf der Erd Niemand mehr war, wollt's in Himmel gehn, und der Mond guckt es so freundlich an und wie's endlich zum Mond kam, war's ein Stück faul Holz und da ist es zur Sonn gangen und wie's zur Sonn kam, war's ein verreckt Sonneblum und wie's zu den Sterne kam, warens klei golde Mück, die waren angesteckt wie der Neuntödter sie auf die Schlehe steckt und wie's wieder auf die Erd wollt, war die Erd ein umgestürzter Hafen und war ganz allein und da hat sich's hingesetzt und geweint und da sitzt es noch und ist ganz allein.

WALT WHITMAN

Grass

Pile the bodies high at Austerlitz and Waterloo.
Shovel them under and let me work –
I am the grass; I cover all.

And pile them high at Gettysburg
And pile them high at Ypres and Verdun
Shovel them under and let me work.
Two years, ten years, and passengers ask the conductor:
What place is this?
Where are we now?

I am the grass.
Let me work.

WALT WHITMAN

Gras

Häuft Berge von Leibern bei Austerlitz und Waterloo,
Grabt sie ein und laßt mich arbeiten –
Ich bin das Gras. Ich decke zu.

Häuft Berge bei Gettysburg,
Häuft Berge bei Ypern und Verdun.
Grabt sie ein und laßt mich arbeiten.
Zwei Jahre, zehn Jahre, und Reisende fragen den Kundigen:
Was war hier los?
Wo sind wir hier?

Ich bin das Gras.
Laßt mich arbeiten.

They ask: Is God, too, lonely?

When God scooped up a handful of dust,
And spit on it, and molded the shape of man,
And blew a breath into it and told it to walk –
That was a great day.

And did God do this because He was lonely?
Did God say to Himself he must have company
And therefore He would make man to walk the earth
And set apart churches for speech and song with God?

These are questions.
They are scrawled in old caves.
They are painted in tall cathedrals.
There are men and women so lonely they believe
God, too, is lonely.

CARL SANDBURG

Mancher fragt: Ist Gott auch einsam?

Als Gott eine Handvoll Dreck zusammenschaufelte,
Darauf spie und die Form des Menschen bildete
Und dann Atem hineinblies und sie gehen hieß:
Das war ein großer Tag.

Und tat Gott das, weil er einsam war?
Sagte Gott zu sich selber, er brauche Gesellschaft;
Daher würde er Menschen machen, die auf der Erde wandeln,
Die Kirchen bauen würden, mit ihm zu reden, zu ihm zu
singen?

Das sind so Fragen.
Die sind schon eingekratzt in uralte Höhlen
Und gemalt in hohe Kathedralen.
Es gibt Männer und Frauen, die so einsam sind,
daß sie glauben, auch Gott sei einsam.

Buffalo Dusk

The buffaloes are gone.
And those who saw the buffaloes are gone.
Those who saw the buffaloes by thousends and
how they pawed the prairie sod into dust
with their hoofs, their great heads down
pawing on in a great pageant of dusk,
And those who saw the buffaloes are gone.
And the buffaloes are gone.

Büffel-Dämmerung

Die Büffel sind fort.
Und die die Büffel gesehen, sind fort.
Die Tausende der Büffel gesehen und wie sie das
Gras zu Staub zermahlten mit ihren Hufen,
die großen Schädel gebeugt, stampfend im
Zwielicht. Ein großes Schauspiel!
Die die Büffel gesehen, sind fort.
Und die Büffel sind fort.

The hangman at home

What does the hangman think about
When he goes home at night from work?
When he sits down with his wife and
Children for a cup of coffee and a
Plate of ham and eggs, do they ask
Him if it was a good day's work
And everything went well, or do they
Stay off some topics and talk about
The weather, base ball, politics
And the comic strips in the papers
And the movies? Do they look at his
Hands when he reaches for the coffee
Or the ham and eggs? If the little
Ones say, Daddy, play horse, here's
A rope – does he answer like a joke:
I seen enough rope for to-day?
Or does his face light up like a
Bonfire of joy and does he say:
It's a good and dandy world we live
In? And if a white face moon looks
In through a window where a baby girl
Sleeps and the moon gleams mix with
Baby ears and baby hair – the hangman –
How does he act then? It must be easy
For him. Anything is easy for a hangman,
I guess.

Der Henker zu Hause

Worüber denkt der Henker nach,
Wenn er nachts von seinem Werk nach Hause geht?
Wenn er bei seiner Frau sitzt
Und bei seinen Kindern bei einer Tasse Kaffee
Und einem Teller Schinken und Ei; fragen sie ihn,
Ob er ein gutes Tagewerk getan,
Ob alles gut gegangen ist, oder meiden sie
Manches und reden lieber vom Wetter,
Vom Fußballspiel, von der Politik,
Von den Witzbeilagen der Zeitungen
Und vom Kino? Sehen sie auf seine Hände,
Wenn er nach dem Kaffee faßt
Oder nach Schinken und Ei? Wenn die Kleinen sagen:
Vati, spiel Hoppe Reiter, hier ist ein Strick,
Antwortet er dann mit einem Witz:
Habe genug Stricke heute gesehen?
Oder leuchtet sein Gesicht wie ein Freudenfeuer
Und antwortet er vielleicht:
Schön ist die Welt, in der wir leben?
Und wenn das weiße Gesicht des Mondes
Durch das Fenster hineinschaut in den Schlaf seines jüngsten
Mädels
Und Mondstrahlen und Babys Ohren und Haare sich
mischen –
Was tut er dann, der Henker?
Es muß einfach für ihn sein.
Alles muß einfach sein für einen Henker,
Glaube ich.

People who must

I painted on the roof of a skyscraper.
I painted a long while and called it a day's work.
The people on a corner swarmed and the traffic cop's whistle
never let up all afternoon.
They were the same as bugs, many bugs on their way –
Those people on the go or at a standstill;
And the traffic cop a spot of blue, a splinter of brass,
Where the black tides ran around him
And he kept the street. I painted a long while
And called it a day's work.

Menschen unter Zwang

Ich streiche das Dach des Wolkenkratzers.
Ich streiche eine lange Zeit, ein Tagwerk kann man's nennen.
Menschen strömen um die Ecke, und das Pfeifen des Polizisten hört am Nachmittag nicht auf.
Alle gleichen Käfern, vielen Käfern unterwegs –
Alle Menschen eilen, stehen still;
Und der Schutzmann, blauer Fleck mit einem blanken Punkt,
Um den die dunklen Fluten rasen,
Hält die Flut. Ich streiche eine lange Zeit.
Ein Tagwerk kann man's nennen.

Hats

Hats, where do you belong?
What is under you?

On the rim of a skyscraper's forehead
I looked down and saw: hats: fifty thousand hats:
Swarming with a noise of bees and sheep, cattle and waterfalls,
Stopping with a silence of sea grass, a silence of prairie corn.

Hats: tell me your high hopes.

Hüte

Hüte, wo gehört ihr hin?
Was ist unter euch?

Von der Stirn des Wolkenkratzers
Blick ich hinab und sehe Hüte: fünfzigtausend Hüte.
Schwärmen und lärmen wie Bienen und Schafe, Rinder und Wasserfälle.
Dann: Stehen und Schweigen, wie Seegras, Schweigen wie beim Korn auf dem Felde.

Hüte: sagt mir euer hohes Hoffen.

GUSTAV MEYRINK

Der Golem

[...]
Ein runder, leuchtender Fleck taucht vor mir auf, und im Scheine des Mondlichtes erkenne ich wiederum das Fußende meines Bettes.
Noch liegt der Schlaf auf mir wie ein schwerer, wolliger Mantel, und der Name Pernath steht in goldenen Buchstaben vor meiner Erinnerung.
Wo nur habe ich diesen Namen gelesen? – Athanasius Pernath? –
Ich glaube, ich glaube vor langer, langer Zeit habe ich einmal irgendwo meinen Hut verwechselt, und ich wunderte mich damals, das er mir so genau passe, wo ich doch eine höchst eigentümliche Kopfform habe.
Und ich sah in den fremden Hut hinein – damals und – – ja, ja, dort hatte es gestanden in goldenen Papierbuchstaben auf dem weißen Futter:

ATHANASIUS PERNATH.

Ich hatte mich vor dem Hut gescheut und gefürchtet, ich wußte nicht warum.
Da fährt plötzlich die Stimme, die ich vergessen hatte, und die immer von mir wissen wollte, wo der Stein ist, der wie Fett ausgesehen habe, auf mich los gleich einem Pfeil.
Schnell male ich mir das scharfe, süßlich grinsende Profil der roten Rosina aus, und es gelingt mir auf diese Weise dem Pfeil auszuweichen, der sich sogleich in der Finsternis verliert.
Ja, das Gesicht der Rosina! Das ist doch noch stärker als die stumpfsinnig plappernde Stimme; und gar, wo ich jetzt gleich wieder in meinem Zimmer in der Hahnpaßgasse geborgen sein werde, kann ich ganz ruhig sein.

I

Wenn ich mich nicht getäuscht habe in der Empfindung, daß jemand in einem gewissen, gleichbleibenden Abstand hinter mir die Treppe heraufkommt in der Absicht, mich zu besuchen, so muß er jetzt ungefähr auf dem lezten Stiegenabsatz stehen.
Jetzt biegt er um die Ecke, wo der Archivar Schemajah Hillel seine Wohnung hat, und kommt von den ausgetretenen Steinfliesen auf den Flur des oberen Stockwerkes, der mit roten Ziegeln ausgelegt ist.
Nun tastet er sich an der Wand entlang, und jetzt, gerade jetzt, muß er, mühsam im Finstern buchstabierend, meinen Namen auf dem Türschild lesen.
Und ich stellte mich aufrecht in die Mitte des Zimmers und blickte zum Eingang.
Da öffnete sich die Türe, und er trat ein.
Nur wenige Schritte machte er auf mich zu und nahm weder den Hut ab, noch sagte er ein Wort der Begrüßung.
So benimmt er sich, wenn er zu Hause ist, fühlte ich, und ich fand es ganz selbstverständlich, daß er so und nicht anders handelte.
Er griff in die Tasche und nahm ein Buch heraus.
Dann blätterte er lange darin herum.
Der Umschlag des Buches war aus Metall, und die Vertiefungen in Form von Rosetten und Siegeln waren mit Farbe und kleinen Steinen ausgefüllt.
Endlich hatte er die Stelle gefunden, die er suchte, und deutete darauf.
Das Kapitel hieß »Ibbur«, »die Seelenschwängerung«, entzifferte ich.
Das große, in Gold und Rot ausgeführte Initial »I« nahm fast die Hälfte der ganzen Seite ein, die ich unwillkürlich überflog, und war am Rande verletzt. Ich sollte es ausbessern.
Das Initial war nicht auf das Pergament geklebt, wie ich es bisher in alten Büchern gesehen, schien vielmehr aus zwei Platten dünnen Goldes zu bestehen, die im Mittelpunkte zusammengelötet waren und mit den Enden um die Ränder des Pergaments griffen.
Also mußte, wo der Buchstabe stand, ein Loch in das Blatt geschnitten sein?

Wenn das der Fall war, mußte auf der nächsten Seite das »I« verkehrt stehen?
Ich blätterte um und fand meine Annahme bestätigt.
Unwillkürlich las ich auch diese Seite durch und die gegenüberliegende.
Und ich las weiter und weiter.
Das Buch sprach zu mir, wie der Traum spricht, klarer nur und viel deutlicher. Und es rührte mein Herz an wie eine Frage.
Worte strömten aus einem unsichtbaren Munde, wurden lebendig und kamen auf mich zu. Sie drehten sich und wandten sich vor mir wie bunt gekleidete Sklavinnen, sanken dann in den Boden oder verschwanden wie schillernder Dunst in der Luft und gaben der nächsten Raum. Jede hoffte eine kleine Weile, daß ich sie erwählen würde und auf den Anblick der Kommenden verzichten.
Manche waren unter ihnen, die gingen prunkend einher wie Pfauen, in schimmernden Gewändern, und ihre Schritte waren langsam und gemessen.
Manche wie Königinnen, doch gealtert und verlebt, die Augenlider gefärbt, – mit dirnenhaftem Zug um den Mund und die Runzeln mit häßlicher Schminke verdeckt.
Ich sah an ihnen vorbei und nach den Kommenden, und mein Blick glitt über lange Züge grauer Gestalten mit Gesichtern, so gewöhnlich und ausdrucksarm, daß es unmöglich schien, sie dem Gedächnis einzuprägen.
Dann brachten sie ein Weib geschleppt, das war splitternackt und riesenhaft wie ein Erzkoloß.
Eine Sekunde blieb das Weib vor mir stehen und beugte sich nieder zu mir.
Ihre Wimpern waren so lang wie mein ganzer Körper, und sie deutete stumm auf den Puls ihrer linken Hand.
Der schlug wie ein Erdbeben, und ich fühlte, es war das Leben einer ganzen Welt in ihr.
Aus der Ferne raste ein Korybantenzug heran.
Ein Mann und ein Weib umschlangen sich. Ich sah sie von weitem kommen, und immer näher brauste der Zug.
Jetzt hörte ich den hallenden Gesang der Verzückten dicht vor mir, und meine Augen suchten das verschlungene Paar.
Das aber hatte sich verwandelt in eine einzige Gestalt und saß,

halb männlich, halb weiblich, – ein Hermaphrodit – auf einem Throne von Perlmutter.
Und die Krone des Hermaphroditen endete in einem Brett aus rotem Holz; darein hatte der Wurm der Zerstörung geheimnisvolle Runen genagt.
In einer Staubwolke kam eilig hinterdrein getrappelt eine Herde kleiner, blinder Schafe: die Futtertiere, die der gigantische Zwitter in seinem Gefolge führte, seine Korybantenschar am Leben zu erhalten.
Zuweilen waren unter den Gestalten, die aus dem unsichtbaren Munde strömten, etliche, die kamen aus Gräbern, – Tücher vor dem Gesicht.
Und blieben sie vor mir stehen, ließen sie plötzlich ihre Hüllen fallen und starrten mit Raubtieraugen hungrig auf mein Herz, daß ein eisiger Schreck mir ins Hirn fuhr und sich mein Blut zurückstaute wie ein Strom, in den Felsblöcke vom Himmel herniedergefallen sind – plötzlich und mitten in sein Bette. –
Eine Frau schwebte an mir vorbei. Ich sah ihr Antlitz nicht, sie wandte es ab, und sie trug einen Mantel aus fließenden Tränen. –
Maskenzüge tanzten vorüber, lachten und kümmerten sich nicht um mich.
Nur ein Pierrot sieht sich nachdenklich um nach mir und kehrt zurück. Pflanzt sich vor mich hin und blickt in mein Gesicht hinein, als sei es ein Spiegel.
Er schneidet so seltsame Grimassen, hebt und bewegt seine Arme, bald zögernd, bald blitzschnell, daß sich meiner ein gespenstiger Trieb bemächtigt ihn nachzuahmen, mit den Augen zu zwinkern wie er, mit den Achseln zu zucken und die Mundwinkel zu verziehen.
Da stoßen ihn ungeduldig nachdrängende Gestalten zur Seite, die alle vor meine Blicke wollen.
Doch keines der Wesen hat Bestand.
Gleitende Perlen sind sie, auf eine Seidenschnur gereiht, die einzelnen Töne nur einer Melodie, die dem unsichtbaren Munde entströmen.
Das war kein Buch mehr, das zu mir sprach. Das war eine Stimme. Eine Stimme, die etwas von mir wollte, was ich nicht begriff; wie sehr ich mich auch abmühte. Die mich quälte mit brennenden, unverständlichen Fragen.

Die Stimme aber, die diese sichtbaren Worte redete, war abgestorben und ohne Widerhall.
Jeder Laut, der in der Welt der Gegenwart erklingt, hat viele Echos, wie jegliches Ding einen großen Schatten hat und viele kleine Schatten, doch diese Stimme hatte keine Echos mehr, – lange, lange schon sind sie wohl verweht und verklungen. – – –
Und bis zu Ende hatte ich das Buch gelesen und hielt es noch in den Händen, da war mir, als hätte ich suchend in meinem Gehirn geblättert und nicht in einem Buche! – –
Alles, was mir die Stimme gesagt, hatte ich, seit ich lebte, in mir getragen, nur verdeckt war es gewesen und vergessen und hatte sich vor meinem Denken versteckt gehalten bis auf den heutigen Tag. –

Ich blickte auf.
Wo war der Mann, der mir das Buch gebracht hatte?
Fortgegangen!?
Wird er es holen, wenn es fertig ist?
Oder sollte ich es ihm bringen?
Aber ich konnte mich nicht erinnern, daß er gesagt hätte, wo er wohne.
Ich wollte mir seine Erscheinung ins Gedächtnis zurückrufen, doch es mißlang.
Wie war er nur gekleidet gewesen? War er alt, war er jung? – Und welche Farben hatten sein Haar und sein Bart gehabt?
Nichts, gar nichts mehr konnte ich mir vorstellen. – Alle Bilder, die ich mir von ihm schuf, zerrannen haltlos, noch ehe ich sie im Geiste zusammenzusetzen vermocht.
Ich schloß die Augen und preßte die Hand auf die Lider, um einen winzigen Teil nur seines Bildnisses zu erhaschen.
Nichts, nichts.
Ich stellte mich hin, mitten ins Zimmer, und blickte auf die Tür, wie ich es getan – vorhin, als er gekommen war, und malte mir aus: jetzt biegt er um die Ecke, jetzt schreitet er über den Ziegelsteinboden, liest jetzt draußen mein Türschild »Athanasius Pernath« und jetzt tritt er herein.
Vergebens.
Nicht die leiseste Spur einer Erinnerung, wie seine Gestalt ausgesehen, wollte in mir erwachen.
Ich sah das Buch auf dem Tische liegen und wünschte mir im

Geiste die Hand dazu, die es aus der Tasche gezogen und mir gereicht hatte.
Nicht einmal, ob sie einen Handschuh getragen, ob sie entblößt gewesen, ob jung oder runzlig, mit Ringen geschmückt oder nicht, konnte ich mich entsinnen.
Da kam mir ein seltsamer Einfall.
Wie eine Eingebung war es, der man nicht widerstehen darf.
Ich zog meinen Mantel an, setzte meinen Hut auf und ging hinaus auf den Gang und die Treppen hinab. Dann kam ich langsam wieder zurück in mein Zimmer.
Langsam, ganz langsam, so wie er, als er gekommen war. Und wie ich die Tür öffnete, da sah ich, daß meine Kammer voll Dämmerung lag. War es denn nicht heller Tag noch gewesen, als ich soeben hinausging?
Wie lange mußte ich da gegrübelt haben, daß ich nicht bemerkte, wie spät es ist!
Und ich versuchte den Unbekannten nachzuahmen in Gang und Mienen und konnte mich an sie doch gar nicht erinnern. – Wie sollte es mir auch glücken, ihn nachzuahmen, wenn ich keinen Anhaltspunkt mehr hatte, wie er ausgesehen haben mochte.
Aber es kam anders. Ganz anders, als ich dachte.
Meine Haut, meine Muskeln, mein Körper erinnerten sich plötzlich, ohne es dem Gehirn zu verraten. Sie machten Bewegungen, die ich nicht wünschte, und nicht beabsichtigte.
Als ob meine Glieder nicht mehr mir gehörten!
Mit einem Male war mein Gang tappend und fremdartig geworden, wie ich ein paar Schritte im Zimmer machte.
Das ist der Gang eines Menschen, der beständig im Begriffe ist, vornüber zu fallen, sagte ich mir.
Ja, ja, ja, so war sein Gang!
Ganz deutlich wußte ich: so ist er.
Ich trug ein fremdes, bartloses Gesicht mit hervorstehenden Backenknochen und schaute aus schrägstehenden Augen.
Ich fühlte es und konnte mich doch nicht sehen.
Das ist nicht mein Gesicht, wollte ich entsetzt aufschreien, wollte es betasten, doch meine Hand folgte meinem Willen nicht und senkte sich in die Tasche und holte ein Buch hervor.

Ganz so, wie er es vorhin getan hatte. –
Da plötzlich sitze ich wieder ohne Hut, ohne Mantel, am Tische und bin ich. Ich, ich.
Athanasius Pernath.
Grausen und Entsetzen schüttelten mich, mein Herz raste zum Zerspringen, und ich fühlte: Gespenstische Finger, die soeben noch in meinem Gehirn umhergetastet, haben von mir abgelassen.
Noch spürte ich im Hinterkopf die kalten Spuren ihrer Berührung. –
Nun wußte ich, wie der Fremde war, und ich hätte ihn wieder in mir fühlen können – jeden Augenblick –, wenn ich nur gewollt hätte; aber sein Bild mir vorstellen, daß ich es vor mir sehen würde Auge in Auge – das vermochte ich noch immer nicht und werde es auch nie können.
Er ist wie ein Negativ, eine unsichtbare Hohlform, erkannte ich, deren Linien ich nicht erfassen kann – in die ich selber hineinschlüpfen muß, wenn ich mir ihrer Gestalt und ihres Ausdrucks im eigenen Ich bewußt werden will – –
In der Schublade meines Tisches stand eine eiserne Kassette; – in diese wollte ich das Buch sperren und erst, bis der Zustand der geistigen Krankheit von mir gewichen sein würde, wollte ich es wieder hervorholen und an die Ausbesserung des zerbrochenen Initialen »I« gehen.
Und ich nahm das Buch vom Tisch.
Da war mir, als hätte ich es gar nicht angefaßt; ich griff die Kassette an: dasselbe Gefühl. Als müßte das Tastempfinden eine lange, lange Strecke voll tiefer Dunkelheit durchlaufen, ehe es in meinem Bewußtsein mündete, als seien die Dinge durch eine jahresgroße Zeitschicht von mir entfernt und gehörten einer Vergangenheit an, die längst an mir vorübergezogen!

Die Stimme, die nach mir suchend in der Finsternis kreist, um mich mit dem fettigen Stein zu quälen, ist an mir vorbeigekommen und hat mich nicht gesehen. Und ich weiß, daß sie aus dem Reiche des Schlafes stammt. Aber was ich erlebt, das war wirkliches Leben, – darum konnte sie mich nicht sehen und sucht vergeblich nach mir, fühle ich.
[...]

»Prokops würdige Haupteszierde möchte am liebsten davonfliegen«, sagte Zwakh und deutete auf des Musikers großen Schlapphut, der die breite Krempe bewegte wie schwarze Flügel.
Josua Prokop zwinkerte lustig mit den Augenlidern.
»Er will,« sagte er, »er will wahrscheinlich – – –«
»Er will zum ›Loisitschek‹ zur Tanzmusik«, nahm ihm Vrieslander das Wort vorweg.
Prokop lachte und schlug mit der Hand den Takt zu den Klängen, die die dünne Winterluft her über die Dächer trug.
Dann nahm er meine alte, zerbrochene Gitarre von der Wand, tat, als zupfe er die zerbrochenen Saiten und sang mit kreischendem Falsett und gespreizter Betonung in Rotwelsch ein wunderliches Lied:

»An Bein-del von Ei-sen
recht alt
»An Stran-zen net gar
a so kalt
»Messinung, a' Räucherl
und Rohn
»und immerrr nurr putz-en – – –

»Wie großartig er mit einem Mal die Gaunersprache beherrscht!« und Vrieslander lachte laut auf und brummte mit:

»Und stok-en sich Aufzug
und Pfiff
»Und schmallern an eisernes
G'süff.
»Juch, –
»Und Handschuhkren, Harom net san – – –

»Dieses kuriose Lied schnarrt jeden Abend beim ›Loisitschek‹ der meschuggene Nephtali Schaffraneck mit dem grünen Augenschirm, und ein geschminktes Weibsbild spielt Harmonika und grölt den Text dazu«, erklärte mir Zwakh.
»Sie sollten auch einmal mit uns in diese Schenke gehen, Meister Pernath. Später vielleicht, wenn wir mit dem Punsch zu Ende sind, – was meinen Sie? Zur Feier Ihres heutigen Geburtstages?«
»Ja, ja kommen Sie nachher mit uns,« sagte Prokop und

klinkte das Fenster zu, – »man muß so etwas gesehen haben.«
Dann tranken wir den heißen Punsch und hingen unseren Gedanken nach.
Vrieslander schnitzte an einer Marionette.
»Sie haben uns förmlich von der Außenwelt abgeschnitten, Josua«, unterbrach Zwakh die Stille, »seit Sie das Fenster geschlossen haben, hat niemand mehr ein Wort gesprochen.«
»Ich dachte nur darüber nach, als vorhin die Mäntel so flogen, wie seltsam es ist, wenn der Wind leblose Dinge bewegt«, antwortete Prokop schnell, wie um sich wegen seines Schweigens zu entschuldigen: »Es sieht gar so wunderlich aus, wenn Gegenstände plötzlich zu flattern anheben, die sonst immer tot daliegen. Nicht? – Ich sah einmal auf einem menschenleeren Platz zu, wie große Papierfetzen – ohne daß ich vom Winde etwas spürte, denn ich stand durch ein Haus gedeckt – in toller Wut im Kreise herumjagten und einander verfolgten, als hätten sie sich den Tod geschworen. Einen Augenblick später schienen sie sich beruhigt zu haben, aber plötzlich kam wieder eine wahnwitzige Erbitterung über sie, und in sinnlosem Grimm rasten sie umher, drängten sich in einen Winkel zusammen, um von neuem besessen auseinanderzustieben und schließlich hinter einer Ecke zu verschwinden.
Nur eine dicke Zeitung konnte nicht mitkommen; sie blieb auf dem Pflaster liegen und klappte haßerfüllt auf und zu, als sei ihr der Atem ausgegangen und als schnappe sie nach Luft.
Ein dunkler Verdacht stieg damals in mir auf: was, wenn am Ende wir Lebewesen auch so etwas Ähnliches wären wie solche Papierfetzen? – Ob nicht vielleicht ein unsichtbarer, unbegreiflicher ›Wind‹ auch uns hin und her treibt und unsre Handlungen bestimmt, während wir in unserer Einfalt glauben, unter eigenem, freiem Willen zu stehen?
Wie, wenn das Leben in uns nichts anderes wäre als ein rätselhafter Wirbelwind? Jener Wind, von dem die Bibel sagt: ›Weißt du, von wannen er kommt und wohin er geht? – – –
Träumen wir nicht auch zuweilen, wir griffen in tiefes Wasser und fingen silberne Fische, und nichts anderes ist geschehen, als daß ein kalter Luftzug unsere Hände traf?«
»Prokop, Sie sprechen in Worten wie Pernath, was ist's mit

Ihnen?« sagte Zwakh und sah den Musiker mißtrauisch an.
»Die Geschichte vom Buch Ibbur, die vorhin erzählt wurde – schade, daß Sie so spät kamen und sie nicht mit anhörten – hat ihn so nachdenklich gestimmt«, meinte Vrieslander.
»Eine Geschichte von einem Buche?«
»Eigentlich von einem Menschen, der ein Buch brachte und seltsam aussah. – Pernath weiß nicht, wie er heißt, wo er wohnt, was er wollte, und trotzdem sein Aussehen sehr auffallend gewesen sein soll, lasse es sich doch nicht recht schildern.«
Zwakh horchte auf.
»Das ist sehr merkwürdig,« sagte er nach einer Pause, »war der Fremde vielleicht bartlos und hatte er schrägstehende Augen?«
»Ich glaube,« antwortete ich, »das heißt, ich – ich – weiß es ganz bestimmt. Kennen Sie ihn denn?«
Der Marionettenspieler schüttelte den Kopf: »Er erinnert mich nur an den ›Golem‹.«
Der Maler Vrieslander ließ sein Schnitzmesser sinken:
»Golem? – Ich habe schon so viel davon reden hören. Wissen Sie etwas über den Golem, Zwakh?«
»Wer kann sagen, daß er über den Golem etwas *wisse*?« antwortete Zwakh und zuckte die Achseln. »Man verweist ihn ins Reich der Sage, bis sich eines Tages in den Gassen ein Ereignis vollzieht, das ihn plötzlich wieder aufleben läßt. Und eine Zeitlang spricht dann jeder von ihm, und die Gerüchte wachsen ins Ungeheuerliche. Werden so übertrieben und aufgebauscht, daß sie schließlich an der eigenen Unglaubwürdigkeit zugrunde gehen. Der Ursprung der Geschichte reicht wohl ins siebzehnte Jahrhundert zurück, sagt man. Nach verlorengegangenen Vorschriften der Kabbala soll ein Rabbiner da einen künstlichen Menschen – den sogenannten Golem – verfertigt haben, damit er ihm als Diener helfe, die Glocken in der Synagoge läuten, und allerhand grobe Arbeit tue.
Es sei aber doch kein richtiger Mensch daraus geworden, und nur ein dumpfes, halbbewußtes Vegetieren habe ihn belebt. Wie es heißt, auch das nur tagsüber und kraft des Einflusses eines magischen Zettels, der ihm hinter den Zähnen stak und die freien siderischen Kräfte des Weltalls herabzog.
Und als eines Abends vor dem Nachtgebet der Rabbiner das

Siegel aus dem Munde des Golem zu nehmen versäumt, da wäre dieser in Tobsucht verfallen, in der Dunkelheit durch die Gassen gerast und hätte zerschlagen, was ihm in den Weg kam.

Bis der Rabbi sich ihm entgegengeworfen und den Zettel vernichtet habe.

Und da sei das Geschöpf leblos niedergestürzt. Nichts blieb von ihm übrig, als die zwerghafte Lehmfigur, die heute noch drüben in der Altneusynagoge gezeigt wird.«

»Derselbe Rabbiner soll einmal auch zum Kaiser auf die Burg berufen worden sein und die Schemen der Toten beschworen und sichtbar gemacht haben«, warf Prokop ein, »moderne Forscher behaupten, er habe sich dazu einer Laterna magica bedient.«

»Jawohl, keine Erklärung ist abgeschmackt genug, daß sie bei den Heutigen nicht Beifall fände«, fuhr Zwakh unbeirrt fort. – »Eine *Laterna magica*!! Als ob Kaiser Rudolf, der sein ganzes Leben solchen Dingen nachging, einen so plumpen Schwindel nicht auf den ersten Blick hätte durchschauen müssen!

Ich kann freilich nicht wissen, worauf sich die Golemsage zurückführen läßt, daß aber irgend etwas, was nicht sterben kann, in diesem Stadtviertel sein Wesen treibt und damit zusammenhängt, dessen bin ich sicher. Von Geschlecht zu Geschlecht haben meine Vorfahren hier gewohnt, und niemand kann wohl auf mehr erlebte und ererbte Erinnerungen an das periodische Auftauchen des Golem zurückblicken als gerade ich!«

Zwakh hatte plötzlich aufgehört zu reden, und man fühlte mit ihm, wie seine Gedanken in vergangene Zeiten zurückwanderten.

Wie er, den Kopf aufgestützt, dort am Tische saß und beim Scheine der Lampe seine roten, jugendlichen Bäckchen fremdartig von dem weißen Haar abstachen, verglich ich unwillkürlich im Geiste seine Züge mit den maskenhaften Gesichtern seiner Marionetten, die er mir so oft gezeigt.

Seltsam, wie ähnlich ihnen der alte Mann doch sah!

Derselbe Ausdruck und derselbe Gesichtsschnitt!

Manche Dinge der Erde können nicht loskommen voneinander, fühlte ich, und wie ich Zwakhs einfaches Schicksal an mir vorüberziehen ließ, da schien es mir mir einem Mal gespen-

stisch und ungeheuerlich, daß ein Mensch wie er, obschon er eine bessere Erziehung als seine Vorfahren genossen hatte und Schauspieler hätte werden sollen, plötzlich wieder zu dem schäbigen Marionettenkasten zurückkehren konnte, um nun abermals auf die Jahrmärkte zu ziehen und dieselben Puppen, die schon seiner Vorväter kümmerliches Erwerbsmittel gewesen, von neuem ihre ungelenken Verbeugungen machen und schläfrigen Erlebnisse vorführen zu lassen.
Er vermag es nicht, sich von ihnen zu trennen, begriff ich; sie leben mit von seinem Leben, und als er fern von ihnen war, da haben sie sich in Gedanken verwandelt, haben in seinem Hirn gewohnt und ihn rast- und ruhelos gemacht, bis er wieder heimkehrte. Darum hält er sie jetzt so liebevoll und kleidet sie stolz in Flitter.
»Zwakh, wollen Sie uns nicht weitererzählen?« forderte Prokop den Alten auf und sah fragend nach Vrieslander und mir hin, ob auch wir gleichen Wunsches seien.
»Ich weiß nicht, wo ich anfangen soll«, meinte der Alte zögernd, »die Geschichte mit dem Golem läßt sich schwer fassen. So wie Pernath vorhin sagte: er wisse genau, wie jener Unbekannte ausgesehen habe, und doch könne er ihn nicht schildern. Ungefähr alle dreiunddreißig Jahre wiederholt sich ein Ereignis in unsern Gassen, das gar nichts besonders Aufregendes an sich trägt und dennoch ein Entsetzen verbreitet, für das weder eine Erklärung noch eine Rechtfertigung ausreicht:
Immer wieder begibt es sich nämlich, daß ein vollkommen fremder Mensch, bartlos, von gelber Gesichtsfarbe und mongolischem Typus aus der Richtung der Altschulgasse her, in altmodische, verschossene Kleider gehüllt, gleichmäßigen und eigentümlich stolpernden Ganges, so, als wolle er jeden Augenblick vornüber fallen, durch die Judenstadt schreitet und plötzlich – unsichtbar wird.
Gewöhnlich biegt er in eine Gasse und ist dann verschwunden.
Ein andermal heißt es, er habe auf seinem Wege einen Kreis beschrieben und sei zu dem Punkte zurückgekehrt, von dem er ausgegangen: einem uralten Hause in der Nähe der Synagoge.
Einige Aufgeregte wiederum behaupten, sie hätten ihn um eine Ecke auf sich zukommen sehen. Wiewohl er ihnen aber

ganz deutlich entgegengeschritten, sei er dennoch, genau wie jemand, dessen Gestalt sich in weiter Ferne verliert, immer kleiner und kleiner geworden und – schließlich ganz verschwunden.
Vor sechsundsechzig Jahren nun muß der Eindruck, den er hervorgebracht, besonders tief gegangen sein, denn ich erinnere mich – ich war noch ein ganz kleiner Junge –, daß man das Gebäude in der Altschulgasse damals von oben bis unten durchsuchte.
Es wurde auch festgestellt, daß wirklich in diesem Hause ein Zimmer mit Gitterfenstern vorhanden ist, zu dem es keinen Zugang gibt.
Aus allen Fenstern hatte man Wäsche gehängt, um von der Gasse aus einen Augenschein zu gewinnen, und war auf diese Weise der Tatsache auf die Spur gekommen.
Da es anders nicht zu erreichen gewesen, hatte sich ein Mann an einem Strick vom Dache herabgelassen, um hineinzusehen. Kaum aber war er in die Nähe des Fensters gelangt, da riß das Seil, und der Unglückliche zerschmetterte sich auf dem Pflaster den Schädel. Und als später der Versuch nochmals wiederholt werden sollte, gingen die Ansichten über die Lage des Fensters derart auseinander, daß man davon abstand.
Ich selber begegnete dem ›Golem‹ das erste Mal in meinem Leben vor ungefähr dreiunddreißig Jahren.
Er kam in einem sogenannten Durchhause auf mich zu, und wir rannten fast aneinander.
Es ist mir heute noch unbegreiflich, was damals in mir vorgegangen sein muß. Man trägt doch um Gotteswillen nicht immerwährend, tagaus, tagein die Erwartung mit sich herum, man werde dem Golem begegnen.
In jenem Augenblick aber, bestimmt – ganz bestimmt, noch ehe ich seiner ansichtig werden konnte, schrie etwas in mir gellend auf: der Golem! Und im selben Moment stolperte jemand aus dem Dunkel des Torflures hervor, und jener Unbekannte ging an mir vorüber. Eine Sekunde später drang eine Flut bleicher, aufgeregter Gesichter mir entgegen, die mich mit Fragen bestürmten, ob ich ihn gesehen hätte.
Und als ich antwortete, da fühlte ich, daß sich meine Zunge wie aus einem Krampfe löste, von dem ich vorher nichts gespürt hatte.
Ich war förmlich überrascht, daß ich mich bewegen konnte,

und deutlich kam mir zum Bewußtsein, daß ich mich, wenn auch nur den Bruchteil eines Herzschlages lang – in einer Art Starrkrampf befunden haben mußte.
Über all das habe ich oft und lang nachgedacht, und mich dünkt, ich komme der Wahrheit am nächsten, wenn ich sage: Immer einmal in der Zeit eines Menschenalters geht blitzschnell eine geistige Epidemie durch die Judenstadt, befällt die Seelen der Lebenden zu irgendeinem Zweck, der uns verhüllt bleibt, und läßt wie eine Luftspiegelung die Umrisse eines charakteristischen Wesens erstehen, das vielleicht vor Jahrhunderten hier gelebt hat und nach Form und Gestaltung dürstet.
Vielleicht ist es mitten unter uns, Stunde für Stunde, und wir nehmen es nicht wahr. Hören wir doch auch den Ton einer schwirrenden Stimmgabel nicht, bevor sie das Holz berührt und es mitschwingen macht.
Vielleicht ist es nur so etwas wie ein seelisches Kunstwerk, ohne innewohnendes Bewußtsein, – ein Kunstwerk, das entsteht, wie ein Kristall nach stets sich gleichbleibendem Gesetz aus dem Gestaltlosen herauswächst.
Wer weiß das?
Wie in schwülen Tagen die elektrische Spannung sich bis zur Unerträglichkeit steigert und endlich den Blitz gebiert, könnte es da nicht sein, daß auch auf die stetige Anhäufung jener niemals wechselnden Gedanken, die hier im Ghetto die Luft vergiften, eine plötzliche, ruckweise Entladung folgen muß? – eine seelische Explosion, die unser Traumbewußtsein ans Tageslicht peitscht, um – dort den Blitz der Natur – hier ein Gespenst zu schaffen, das in Mienen, Gang und Gehaben, in allem und jedem das Symbol der Massenseele unfehlbar offenbaren müßte, wenn man die geheime Sprache der Formen nur richtig zu deuten verstünde?
Und wie mancherlei Erscheinungen das Einschlagen des Blitzes ankünden, so verraten auch hier gewisse grauenhafte Vorzeichen das drohende Hereinbrechen jenes Phantoms ins Reich der Tat. Der abblätternde Bewurf einer alten Mauer nimmt eine Gestalt an, die einem schreitenden Menschen gleicht; und in Eisblumen am Fenster bilden sich die Züge starrer Gesichter. Der Sand vom Dache scheint anders zu fallen als sonst und drängt dem argwöhnischen Beobachter den Verdacht auf, eine unsichtbare Intelligenz, die sich

lichtscheu verborgen hält, werfe ihn herab und übe sich in heimlichen Versuchen, allerlei seltsame Umrisse hervorzubringen. – Ruht das Auge auf eintönigem Geflecht oder den Unebenheiten der Haut, bemächtigt sich unser die unerfreuliche Gabe, überall mahnende, bedeutsame Formen zu sehen, die in unsern Träumen ins Riesengroße auswachsen. Und immer zieht sich durch solche schemenhafte Versuche der angesammelten Gedankenherden, die Wälle der Alltäglichkeit zu durchnagen, für uns wie ein roter Faden die qualvolle Gewißheit, daß unser eigenstes Inneres mit Vorbedacht und gegen unsern Willen ausgesogen wird, nur damit die Gestalt des Phantoms plastisch werden könne.

Wie ich nun vorhin Pernath bestätigen hörte, daß ihm ein Mensch begegnet sei, bartlos mit schiefgestellten Augen, da stand der ›Golem‹ vor mir, wie ich ihn damals gesehen.

Wie aus dem Boden gewachsen stand er vor mir.

Und eine gewisse dumpfe Furcht, es stehe wieder etwas Unerklärliches nahe bevor, befiel mich einen Augenblick lang; dieselbe Angst, die ich schon einmal in meinen Kinderjahren verspürt, als die ersten spukhaften Äußerungen des Golem ihre Schatten vorauswarfen.

Sechsundsechzig Jahre ist das wohl jetzt her und knüpft sich an einen Abend, an dem der Bräutigam meiner Schwester zu Besuch gekommen war, und in der Familie der Tag der Hochzeit festgesetzt werden sollte.

Es wurde damals Blei gegossen – zum Scherz – und ich stand mit offenem Munde dabei und begriff nicht, was das zu bedeuten habe, – in meiner wirren, kindlichen Vorstellung brachte ich es in Zusammenhang mit dem Golem, von dem ich meinen Großvater oft hatte erzählen hören, und bildete mir ein, jeden Augenblick müsse die Tür aufgehen und der Unbekannte eintreten.

Meine Schwester leerte dann den Löffel mit dem flüssigen Metall in das Wasserschaff und lachte mich, der ich aufgeregt zusah, lustig an.

Mit welken, zitternden Händen holte mein Großvater den blitzenden Bleiklumpen heraus und hielt ihn ans Licht. Gleich darauf entstand eine allgemeine Erregung. Man redete laut durcheinander; ich wollte mich hinzudrängen, aber man wehrte mich ab.

Später, als ich älter geworden, erzählte mir mein Vater, es

wäre damals das geschmolzene Metall zu einem kleinen, ganz deutlichen Kopf erstarrt gewesen, – glatt und rund, wie nach einer Form gegossen, und von solch unheimlicher Ähnlichkeit mit den Zügen des ›Golem‹, das sich alle entsetzt hätten.

Oft sprach ich mit dem Archivar Schemajah Hillel, der die Requisiten der Altneusynagoge in Verwahrung hat und auch die gewisse Lehmfigur aus Kaiser Rudolfs Zeiten, darüber. Er hat sich mit Kabbala befaßt und meint, jener Erdklumpen mit den menschlichen Gliedmaßen sei vielleicht nichts anderes als ein ehemaliges Vorzeichen, ganz so wie in meinem Fall der bleiernde Kopf. Und der Unbekannte, der da umgehe, müsse das Phantasie- oder Gedankenbild sein, das jener mittelalterliche Rabbiner zuerst *lebendig gedacht* habe, ehe er es mit Materie bekleiden konnte, und das nun in regelmäßigen Zeitabschnitten, bei den gleichen astrologischen Sternstellungen, unter denen es erschaffen worden – wiederkehre, vom Triebe nach stofflichem Leben gequält.

Auch Hillels verstorbene Frau hat den ›Golem‹ von Angesicht zu Angesicht erblickt und ebenso wie ich gefühlt, daß man sich im Starrkrampf befindet, solange das rätselhafte Wesen in der Nähe weilt.

Sie sagte, sie sei felsenfest überzeugt gewesen, daß es damals nur ihre eigene Seele habe sein können, die – aus dem Körper getreten – ihr einen Augenblick gegenübergestanden und mit den Zügen eines fremden Geschöpfes ins Gesicht gestarrt hätte.

Trotz eines furchtbaren Grauens, das sich ihrer damals bemächtigt, habe sie doch keine Sekunde die Gewißheit verlassen, daß jener andere nur ein Stück ihres eignen Innern sein konnte.«

[...]

EGON ERWIN KISCH

Den Golem wiederzuerwecken

I

Er wohnte im Anbau der hölzernen Synagoge von Wola-Michowa, einem Nest in den Waldkarpaten, und dort lag, als wir in Reservestellung zurückgenommen wurden, unsere Kompanie. Aus und nach Wola-Michowa sprang das Trommelfeuer, der kleingewachsene Jude blieb und erduldete Einquartierungen von Russen, Deutschen und Österreichern; eine Ecke des Zimmers hatte er als Schlafstätte für sich, seine Frau und seinen elfjährigen Sohn hergerichtet und durch einen Vorhang aus zwei Zeltblättern vom übrigen Teil des Raumes abgetrennt.

Hinter dem Ofen lagen, durcheinandergeworfen, Bücher. Die vielen, vielen Soldaten, Offiziere auch, dürften oft lektürehungrig nach ihnen gegriffen haben, aber es waren durchwegs hebräische Drucke, und sie flogen rascher, als sie in die Hand genommen worden waren, auf den Haufen hinter dem Herd zurück. Ich mochte etwas länger in einem der Lederbände geblättert haben, und so entstand aus seiner Frage »Ihr könnt das lesen?« ein Gespräch.

Als der Name Prag fiel, schaute er überrascht auf, und es war an mir, wissen zu wollen, ob er die Stadt kenne. »Ob *ich* Prag kenne!« rühmte er sich mit verschmitzter Glückseligkeit, aber auf meine Frage, wann er dort gewesen sei, antwortete er: »Noch nie im Leben war ich dort.« – »Wie könnt Ihr also sagen, daß Ihr's kennt?« – »Ich hab's gelernt.« Und er holte aus der Unordnung beim Ofen einen veralteten deutschen Reiseführer von Prag hervor. »Ich hab's gelernt, ich kenn mich aus in der Stadt, vielleicht weiß ich mehr von Prag als ein Prager!« – »Weshalb interessiert Euch gerade diese Stadt?« – »Ich will einmal hinfahren. Prag ist eine schöne Stadt, eine fromme Kille.« Vorsichtig fügte er hinzu: »Kann sein, ich fahre auch anderswo hin ...«

Später, wohl in der Hoffnung, einmal meine Einladung nach Prag annehmen zu können, gestand er mir: Vor allem interessiere ihn in Prag das Grab des Hohen Rabbi Löw und die Stätte, wo der Sage nach der Golem liege, die Lehmfigur, die einst der Hohe Rabbi Löw geformt und der er Leben eingehaucht hatte. »Wo liegt er denn?« Er machte Ausflüchte, das wisse er nicht genau, aber in Prag werde er's schon finden.

Eines Abends suchte ich mir den Reiseführer von Prag hinter dem Herd hervor; im Stadtplan fanden sich Bleistiftstriche, die die Altneusynagoge mit zwei Gäßchen der Judenstadt verbanden und von dort durch die Neustadt und die Vorstadt Žižkov zum Rand der Karte führten. Bei unserem nächsten Gespräch bemerkte ich, ich hätte einmal gehört, der Golem liege in der Altneusynagoge. Der kleine Jude nickte verneinend. »Ich weiß, warum Ihr das glaubt, Ihr kennt dieses Buch da, nicht wahr?« Nein, ich kannte den dunklen Lederband nicht, den er mit blinder Sicherheit aus dem Foliantenchaos herausgriff und mir vorzulesen begann.

In der Einleitung war ein Gutachten von Dr. A. Berliner, Dozenten am Berliner Rabbinerseminar, zitiert, dieses Buch sei ein Sammelsurium des Aberglaubens und sollte nicht gedruckt, sondern verbrannt werden, ein vernichtendes Urteil, dem der Herausgeber die Antwort entgegensetzt: »Verbrannt soll der werden, der an bewiesene Tatsachen nicht glaubt!«

Der Tempelbewohner von Wola-Michowa war ganz dieser editorialen Ansicht, er zweifelte nicht an der Richtigkeit der in diesem Buch enthaltenen Mitteilungen, wenn er sie auch für unvollständig hielt. Besaß er doch die Fortsetzung, eine handschriftliche Familienchronik, über die er allerdings mit mir erst sprach, als wir miteinander fast befreundet waren und ich ihm hoch und heilig geschworen hatte, nicht nach der Golemfigur zu forschen, bevor er zu mir nach Prag kommen werde. Den dunklen Lederband aber schenkte er mir.

Der Text des Titelblattes lautet: »Meisse punem (Seltsame Geschichten); da sind beschrieben die Maufsim (Wunder) von dem großen berühmten Welts-Gaon (Koryphäe), welcher genannt wird mit Namen Maharal Miprag – Secher zadik wekodosch liwrocho (das Andenken des Frommen und Heiligen sei gesegnet) –, die er vollbracht hat mit Hilfe von dem *Golem*; beloschen hakodosch we-iwri-deutsch (in hebräischer und jiddischer Sprache), Mouzi leor (verlegt) durch Hirsch Steinmetz in Frisztak, Druck von E. Salat in Lemberg, Bi'Sch'nas (im Jahre) 5671.

Das Buch erzählt, aus welchem Grunde und in welcher Weise nach einer auf dem Hradschin erfolgten Unterredung zwischen Kaiser Rudolf II. und dem Hohen Rabbi Löw dieser dem Golem die Lebenskraft wieder genommen habe. Eine Audienz des Rabbi Löw bei Rudolf II. ist historisch beglaubigt. »Heute am Sonntag, den 10. Adar des Jahres 5352 nach Erschaffung der Welt (23. Februar 1592) erging«, so verzeichnet Rabbi Isak Kohen in seinen Memoiren, »durch den Fürsten Berthier ein Befehl des Kaisers an Mordechai Meisel und Isak Weisl, daß sich mein Schwiegervater Rabbi Löw in der Burg einfinden solle. Diesem Befehle gemäß begab er sich dahin, von seinem Bruder Rabbi Sinai und mir begleitet. Fürst Berthier führte meinen Schwiegervater in ein anderes Gemach, wo er ihm einen Ehrensitz anwies und ihm gegenüber Platz nahm. Der Fürst befragte ihn über die geheimnisvollen Dinge, sprach aber dabei so laut, daß wir alles hören konnten. Das laute Sprechen hatte seinen guten Grund, es geschah, damit der Kaiser, der hinter einem Vorhang stand, das ganze Gespräch hören könne. Plötzlich öffnete sich der Vorhang, die Majestät trat hervor, richtete an meinen Schwiegervater einige auf die Unterredung bezügliche Fragen und zog sich dann wieder hinter den Vorhang zurück. Den Gegenstand der Unterredung müssen wir aber, wie es bei königlichen Angelegenheiten üblich ist, geheimhalten.«

David Gans, Mathematiker, Historiograph und Freund des kaiserlichen Hofastronomen Tycho de Brahe, berichtet in seiner Chronik, daß Rabbi Löw zeit seines Lebens tiefstes Stillschweigen über den Besuch auf dem Prager Schloß beobachtet habe.

Ohne Zweifel wollte der in Astrologie und Alchimisterei tief versponnene Habsburger etwas über die kabbalistische Geheimwissenschaft erfahren. Daß Rabbi Löw, der Hohe, ihr huldige, war bekannt, und er selbst hat es zugegeben. »Wer diese meine Aussprüche versteht, weiß auch, wie sehr sie in der Weisheit der Kabbala begründet sind«, schreibt er in einer Polemik, und an anderer Stelle beginnt er mit den Worten: »Wenn man die Kabbala kennt, deren Lehren wahr sind ...«

In dem angeführten Sagenbuch meines Wola-Michowaer Freundes wird nun als Todesanlaß des tönernen Homunkuliden eine nächtliche Audienz hingestellt, die der historisch beglaubigten um zwei Jahre voranging. Der Rabbi habe vom Kaiser die Zusage erlangt, von nun an dürfe niemand mehr die Beschuldigung des Ritualmords erheben, und die Judengasse werde vor Ausschreitungen geschützt bleiben. In den darauffolgenden Ostertagen, 1590, kam es nicht mehr zu den alljährlich üblichen Exzessen gegen das Ghetto. Der Golem, vor allem zur Ausforschung von Verbrechen geschaffen, die man den Juden in die Schuhe schob, ward nun eine überflüssige Existenz und konnte beseitigt werden.
»Wieeso hat der Maharal newaar gewesen (vernichtet) den Jossile Golem«, wird ausführlich beschrieben. Der rabbinische Pygmalion beruft seinen Schwiegersohn Jakob Katz und seinen Schüler Jakob Sosson, den Leviten, zu sich, erklärt ihnen, man bedürfe des Lehmkolosses nicht mehr, und gibt dem Jossile Golem den Befehl, heute nacht nicht in der Gerichtsstube zu schlafen, sondern auf dem Dachboden der Altneusynagoge.
Es ist Lagbeomer, dreiunddreißigster der neunundvierzig Tage, die man zwischen Ostern und Pfingsten zählt. Um Mitternacht steigen die drei Männer auf den Dachstuhl. Bevor sie hinaufgehen, beginnt Jakob Katz (der Name »Katz« ist aus den Anfangsbuchstaben der Worte »Kohen zedek« gebildet und bezeichnet einen Abkömmling des palästinensischen Priesterstammes) einen Disput darüber, ob er als Kohen in die Nähe einer Leiche gehen dürfe; Rabbi Löw belehrt ihn, das Leben einer von Menschenhand aus Ton geformten Puppe sei kein Leben im göttlichen Sinne und ihr Tod kein Tod.
Ihr Tod kein Tod. Der christliche Romantiker Clemens Brentano, der Golemsage hingegeben, meint, nur das Wort erschaffe und belebe. Zerstöre man das Wort, so zerstöre man das Sein: »Der Meister braucht von dem Worte ›Anmauth‹ (Wahrheit), das er bei Erschaffung des Golems auf dessen Stirn geschrieben hat, nur die Silbe ›an‹ zu verlöschen, so daß das Wort ›Mauth‹ übrigbleibt, welches ›Tod‹ bedeutet; im selben Augenblick zerfällt der Golem in Lehm.«
So einfach ist aber die Sache nicht gewesen, wenn wir unserem Legendenbuch glauben sollen. Rabbi Löw, Jakob Sosson und

Jakob Katz nehmen zu Häupten des schlafenden Golems Aufstellung – seinerzeit, als sie die Form, aus Lehm gebrannt, zum Leben erweckten, standen sie zu seinen Füßen. Ihre Blicke gegen seine Füße gewendet, beginnen sie die Zeremonie, umschreiten siebenmal den Körper, geheimnisvolle Formeln litaneiend. Während dieser Beschwörung steht Abraham Chajim, der alte Tempeldiener, mit zwei brennenden Kerzen an der Tür und sieht stumm zu. Bei der siebenten Um-Wandlung ist das Leben des Golems in den Tod umgewandelt, ein bekleideter Klumpen liegt da, verstummter Ton.

Der Magus ruft den Tempeldiener herbei, nimmt ihm die Kerzen aus der Hand, stellt sie zu Füßen der leblosen Figur nieder, zieht ihr die Kleider aus und wickelt sie in zwei Gebetmäntel. Acht Hände packen an, um den Lehmklotz unter einen Berg von hier aufgestapelten Büchern und Papieren zu schieben, so daß nichts, auch keine Zehenspitze, herauslugt. Die Kleider werden hinuntergetragen und verbrannt.

Am nächsten Tag wird ausgesprengt, Jossile Golem sei »brojges geworden«, in Zorn geraten, und nächtlicherweile entwichen, und zwei Wochen nach der Beschwörung dekretiert Rabbi Löw: Von nun an ist es niemandem erlaubt, den Dachboden der Synagoge zu betreten, Bücher und Schriften dürfen wegen Feuersgefehr nicht mehr dort aufbewahrt werden. »Aber einige kluge Leute«, so schließt das Buch, »haben gewußt, daß der Maharal Miprag das Verbot nur deshalb erlassen hat, damit man des oben liegenden Golem nicht gewahr werde.«

Bei dieser Stelle hatte mein galizischer Okkultist überlegen lächelnd den Kopf geschüttelt. In seiner handgeschriebenen Broschüre stand ja die Fortsetzung dieser Entzauberungsprozedur, er lächelte über die »klugen Leute«, die die Beerdigung auf dem Dach für das Ende der Geschichte vom Golem hielten.

Als ich ihn wiedersah, lächelte er nicht mehr. Das war zweieinhalb Jahre später in der Leopoldstadt Wiens, sein geringeltes Schläfenhaar war grau, war schütter geworden. Mit einer müden Geste wehrte er ab, als ich von seinem Geheimnis zu sprechen anfing. »Ich habe andere Sorgen.« Eine Granate hatte seinen Sohn im Tempelanbau von Wola-

Michowa zerrissen, und kurz darauf war seiner Frau etwas Furchtbares geschehen, er sagte nicht, was es war. »Sie liegt im Allgemeinen Krankenhaus, und ich habe kein Geld.« Wir setzten uns in ein Lokal, er aß fast nichts, und kein Gespräch kam zustande, denn unsere gemeinsame Erinnerung knüpfte sich an einen Karpatenort, an den er nicht denken wollte. »Und der Golem?« – »Ich werde ihn nicht mehr suchen.« – »Soll ich ihn suchen?« – »Machen Sie, was Sie wollen.«

II

Die Sage, das Dachgestühl der Altneusynagoge sei die Gruft des Golems, hat sich durch die Jahrhunderte erhalten. Als die im Jahre 1718 von Maier Perls, Aktuar in Prag, erschienene Schrift »Megilath Jochasin«, die die Traditionen über die Wundertäterei des Hohen Rabbi Löw verzeichnet, in der Mitte des vorigen Jahrhunderts eine neue Ausgabe erlebte, behauptete der Herausgeber, daß die Figur des Golems noch auf der Bodenkammer der Altneusynagoge liege. Der Lemberger Rabbiner Joseph Saul Nathanson wollte den Raum betreten, doch wurde ihm dies mit der Begründung verwehrt, das Verbot des Rabbi Löw bestehe noch immer streng zu Recht. Vor kurzem habe der Prager Oberrabbiner Ezechiel Landau nach langem Fasten in Gebetmantel und Gebetriemen das Dach bestiegen, während seine Schüler Psalmen singen mußten; nach geraumer Zeit sei Landau mit verstörtem Gesicht zurückgekehrt und habe verkündet: »Niemand wage es mehr, die letzte Ruhe des Golems zu stören.«
Meine ersten Versuche, mir von den Tempelfunktionären den Schlüssel zum Dachgeschoß zu verschaffen, stießen auf Ablehnung. Im Innern des Tempels führe keine Treppe hinauf, bloß durch Emporklettern der Außenmauer sei die Bodenkammer zu erreichen, was bei den Straßenpassanten Aufsehen hervorrufen würde. Überdies seien Unfälle vorgekommen, an die sich unliebsame Diskussionen knüpften. (Die Ruthsche »Kronika Král. Prahy« teilt Verbote mit, die lange vor des Rabbi Löw Zeit erlassen waren.) »Man erzählt sich, nach der Vernichtung von Jerusalem hätten Engel einen Teil des Tempels Salomonis nach Prag getragen und den Juden befohlen, niemals dieses Gebäude auszubessern und nichts an ihm zu ändern. Wer sich dessen unterfange, müsse allsogleich

sterben. Und so kam es, daß einmal, als die Ältesten der Judengemeinde das Gebäude renovieren ließen, nicht nur der Baumeister mit seinen Gehilfen vom Dache stürzte, sondern auch die Auftraggeber starben, bevor noch die Arbeit recht begonnen war.«

Seitdem in den siebziger Jahren ein Rauchfangkehrer namens Vondrejc auf die Straße herabstürzte und tot liegenblieb, ist niemand oben gewesen. Vor dem Ringtheaterbrand hatten noch nicht einmal die Eisenklammern hinaufgeführt, sie wurden erst im Jahre 1880 auf Anordnung der Feuerpolizei angebracht.

Schließlich erwirkte ich mir vom Tempelvorstand die Erlaubnis, auf das Dach klettern zu dürfen. Morgens um acht Uhr kam ich hin. Herr Zwicker, seit achtunddreißig Jahren des Hauses redlicher Hüter, riet mir dringend ab und stellte auf meine Frage, ob er schon einmal oben war, die Gegenfrage, ob er denn meschugge sei. Mit achselzuckendem »Von mir aus« händigte er mir den Schlüssel ein.

Ich überkrieche das Gitter, das den kleinen, kahlen Vorgarten an der Niklasstraße umschließt, zog eine Leiter hinüber und legte sie unterhalb der Eisenklammern an, deren tiefste erst zwei Meter über der Erdhöhe eingerammt ist, damit kein Unberufener emporsteige. Die Blicke erstaunter Passanten im Rücken, kletterte ich achtzehn Eisensprossen hinauf, die oben eine starke Biegung nach links beschreiben, schwang mich in die Spitzbogennische und sperrte die stöhnende Eisentür auf. Ich stand inmitten einer spitzen Pyramide, deren Boden sich in massiven Wellen wölbt.

Die Basis der Synagoge liegt so tief unter dem Straßenniveau, daß du auch hier oben auf keiner besonderen relativen Höhe bist; du siehst dich der Uhr des jüdischen Rathauses gerade gegenüber, deren Zeiger sich von links nach rechts bewegen. Durch mehrere Dachfenster dringt Licht herein. Es fehlt also nicht nur das Bewußtsein der Höhe, es fehlt auch das mystische Düster, das dich zum Beispiel im Giebelgeschoß des Sankt-Veits-Doms beklemmend umfängt.

Und doch bist du oberhalb der Altneusynagoge nicht minder unter dem Eindruck der Jahrhunderte als oberhalb der Kathedrale. Während die steinernen Wölbungen von St. Veit auch an ihrer den Betern unsichtbaren Außenseite sorgsam vertüncht und zu glatten, einheitlich grauen, geometrisch regelmäßigen Wellen gefügt sind, greifen die Bogen hier zackig und grob ineinander, dir ist, als stündest du in einer Gebirgslandschaft, flache Berge vor und neben dir und Täler. Oben im christlichen Dom kannst du unter dem Gebälk das Kirchenschiff auf breiten, festen Stegen überqueren, kannst rings um das Schiff auf breiten, festen Stegen gehen. Hier aber ist nur ein morsches Brett vom Eingang nach vorn gelegt, du prüfst mit dem Fuß dessen Festigkeit und entschließt dich dann, den Rundgang lieber auf dem Rücken der Wölbungen zu machen oder auf den Sparren zu balancieren und dich an den Trämen und Pfetten festzuhalten, ob auch deine Hände noch so tief in Staubschichten fassen, ob auch dein Gesicht noch so oft in Spinnweben stößt.

Über die Breitseite spannte sich eine Eisenstrebe; eine Leiter, mit Eisenklammern befestigt, führt zum Schornstein. Ein altes Kaminrohr liegt auf dem Boden und das Gerippe eines Vogels, der hier einsam starb. Sonst siehst du nur Geröll und zerbrochene Ziegel. Schwämme wuchern in grotesken Formen, kopfabwärts hängt eine Fledermaus zwischen den Balken.

In den Senkungen der aneinanderstoßenden Wölbungen oberhalb der Widerlager ist der Schotter durch Kalkstaub und Feuchtigkeit zu einem Konglomerat geworden. Wenn darunter der Lehmskulptur des Rabbi Löw das Grab bereitet ist, niemals wird sie gefunden werden. Wollte man sie exhumieren, so stürzte der Tempel ein.

Wahrlich ein Raum, den Golem zu erschaffen und den Golem zu bestatten, wahrlich ein Raum für Mystagogen. Hier wäre ein Platz für das Laboratorium des Domherrn Claudius Frollo oder für das seines jüdischen Widerparts, des Rabbi Löw; hier wäre die rechte Schlafstube für das dumpfe Ungetüm, ob es nun Quasimodo oder Golem heißt, hier die geeignete Kulisse für eine Zusammenkunft des Königs von Frankreich mit dem Goldmacher in der Soutane, für den Kaiser von Deutschland mit dem Thaumaturgen im jüdischen Gebetmantel. Was ist denn Victor Hugos »Nôtre Dame de Paris« anderes als die Golemsage, erhoben aus der Gedrücktheit des Prager Ghettos in die Himmelshöhen der Pariser Domtürme, aus der Geistesrichtung des Baal Schem in die des Pelagius von Eclamum. König Ludwig XI. holte sich Rats von dem zaubereibeflissenen Domherrn, so wie sich Rudolf II. mit

dem wunderkundigen Rabbi besprach. Esmeralda weckt in dem unförmigen Quasimodo die Liebe wie – eine Prager Judensage vermeldet es – des Rabbi blankes Töchterlein in Quasimodos Prager Ebenbild. Pogrompöbel stürmt das Prager Judenviertel, und die Pariser Frauenkirche wird von den Bewohnern des verrufenen »Wunderhofs« gestürmt, deren Häuptling sich »Mathias Hunyadi Spicali, Herzog von Ägypten und Böhmen« nennt.
Die Fledermaus beginnt zu schaukeln. Wenn Fledermäuse erwachen, sollen sie sich im Menschenhaar verfangen. Vom Golem ist nichts zu sehen.
Ich trete in die Nische hinaus, die rostige Tür hinter mir halb schließend, und schwinge mich auf die eisernen Sprossen, dann ziehe ich die Tür vollends zu, sperre ab und klettere hinunter. Die Zahl der Neugierigen hat sich erhöht.
Im Vorraum der Synagoge wasche ich mir im alten kupfernen Waschbecken die Hände. »No? Haben Sie den Golem gefunden?« forscht Herr Zwicker in einem Ton, in dem sich Neugierde mit jener Ironie mengt, die er »Nekome« nennen würde.

III

Die Kletterpartie aufs Dach der Altneusynagoge hat mir also keine Begegnung mit dem Golem vermittelt. Schon diese Tatsache hätte meinem Informator aus Wola-Michowa bestätigt, daß die Angaben im dunklen Lederband überholt seien.
Wohl habe am Lagbeomer der Hohe Rabbi Löw seinem modellierten Knecht das Leben wieder genommen und ihn unter der Makulatur in der Dachkammer begraben, »aber er ist nicht mehr dort, Ihr könnt mir's glauben. Er war schon nicht mehr oben, als der Maharal verboten hat hinaufzugehen. Abraham Chajim, der Schames, und sein Schwager haben ihn weggetragen. Schon in der nächsten Nacht, nachdem der Rabbi oben war ...«
Bedeutungsvoll hatte mein Wola-Michowaer Gastfreund sein Kleinod hinter dem Herd hervorgeholt, das Manuskript von sechzehn Oktavseiten in hebräischem Kursiv, mit Tabellen in Quadratschrift. Von einem Weisen habe er es, von einem Weisen, mit dem er sich in Przemyśl angefreundet. Nur achtzig Gulden habe es gekostet. Meinem naiven Freund

schienen die Papiere alle Geheimnisse des Seins zu enthalten, wenn er sie glättete, war es, als ob er sie streichle.
Armer, vertrauensseliger, abergläubischer Dorfjude! Nichts stand in deinen Skripten davon, daß eine Granate dein Kind zerreißen wird, daß deine Frau geschändet und vernichtet werden wird. Nicht stand darin, du werdest deine Wundergläubigkeit verlieren, aus deiner Heimat verjagt, verzweifelt in Wien umherirren. Wie gleichgültig war der Golem dir geworden, als ich dich am Praterstern nach ihm fragte. Und im Jahre 1915 in Wola-Michowa hattest du mir so stolz aus der Schrift den Weg erklärt, den der tote Golem genommen und dem du folgen wolltest, um den starken Knecht wiederzufinden und wiederzuerwecken, den Versuch des Tempeldieners Abraham Chajim vollendend.
In jenem Tempeldiener Abraham Chajim war gleich nach der Entzauberungsszene der Wunsch erwacht, des Meisters ausrangierten Automaten für sich zu verwenden. Seine Worte merkt ich und den Brauch, und mit Geistesstärke, denkt der Zauberschames, tu ich Wunder auch.
Seinen Schwager und Berufskollegen, Abraham Secharja, Tempeldiener der nahen Pinkasschul, weihte er in den Plan ein, und sein Schwiegersohn, Ascher Balbierer, der sich mit mysteriosophischen Dingen beschäftigte, sollte feststellen, in welcher Weise der Golem zum Leben zu erwecken wäre. Nach einigen Tagen gab Ascher Balbierer an, im Sohar die Beschwörungsformel gefunden zu haben. Zu nächtlicher Stunde gruben die drei Männer den Jossile Golem aus dem Schriftenberg und trugen ihn durch die Belelesgasse und die Schebkesgasse – sie wollten die belebte Breite Gasse vermeiden – in den Keller des Hauses in der Zeikerlgasse, das zum Teil dem Ascher Balbierer gehörte und wo er auch wohnte.
Dort unten beginnen sie die Wiedererweckung. Sie nehmen jene Position ein, die Chajim den drei Rabbinern abgeguckt hat, sie umwandeln den Golem, ohne ihn von einem Toten zu einem Lebenden umwandeln zu können. Siebenmal bewegen sie sich von seinen Füßen zu seinem Kopf. Ununterbrochen murmeln sie das hebräische »Walle, walle manche Strecke«, das Ascher Balbierer herausgefunden hat. Nichts wallt. Der Golem liegt da wie ein Klotz. Wie ein Klotz spottet er allen Wiederbelebungsversuchen. Ascher Balbierer tut erstaunt.

»Das nenn ich tot sein!« Man versucht es von neuem. Nacht für Nacht.

Zu dieser Zeit brach in Prag die Pest aus, zwölfhundert Menschen starben. Als einziges Haus der Zeikerlgasse wurde das von Ascher Balbierer heimgesucht, die beiden ältesten seiner fünf Kinder wurden hingerafft. Seine Gattin, Frau Gele, hatte schon vorher gegen die Aufnahme des Golems gezetert, weil sie fürchtete, im Falle einer Entdeckung würde ihr Vater seine Stellung wegen Vertrauensmißbrauchs verlieren, ihr Gatte und ihr Onkel wegen Überschreitung des rabbinischen Verbots bestraft werden. Außerdem hegte sie wohl kein sonderliches Vertrauen in die kabbalistischen Zauberkünste ihres Mannes. Und nun erkrankten noch die Söhne! Frau Gele war überzeugt, kein anderer als der Golem habe ihr das Unglück ins Haus gebracht, und als die Kinder starben, war es entschieden: Er mußte fort.

Nachdem die beiden Leichen gewaschen und vor den Trauergästen in die Särge gebettet worden waren, wurde insgeheim eines der Kinder wieder herausgenommen und zu dem anderen gelegt. In dem zweiten Sarg aber brachte man nun den Golem unter. Ein Karren fuhr die drei Körper in der Richtung gegen Sonnenaufgang auf den Pestfriedhof vor die Stadt.

Hier haben Abraham Chajim und Abraham Secharja den Sarg mit dem Golem auf den Galgenberg hinaufgetragen, »der da gelegen ist eine Meile und zweihundert Klafter vom Neustädter Tor, auf der Wiener Landstraße, und haben ihn eingescharrt auf der Seite, die der Stadt zugekehrt ist, am Abend des fünften Adar«.

So schließt die Geschichte im Manuskriptum. Der Sinn der Golemsage, der Wille zur Macht und seine Überwindung, ist darin zur zweiten Potenz erhoben: Dem Magier, der die Adamsschöpfung nachahmt, folgt der Diener, dessen Streben es ist, seinerseits einen Diener zu haben, und der sich nun im Keller mit Abrakadabra lächerlich abquält, einem Lehmklumpen das »Stehe auf und wandle« beizubringen.

Der Meister hat seinen Frevel selbst beseitigt, der Lehrling wird durch Aberglauben an seinem abergläubischen Beginnen gehindert, er hält den irdenen Gast im Keller für den mordenden Tod und verscharrt ihn auf dem Galgenberg.

Seltsam aber an dieser gewollt-ungewollten Allegorie, an dieser handschriftlich verschleißten Mystagogennarretei ist es, daß alle ihre Orts- und Zeitangaben mit historisch erwiesenen Tatsachen genauer übereinstimmen als die des gedruckten Buches. Während der im Buch erwähnte Schwiegersohn des Rabbi Löw namens Katz nirgends beglaubigt ist, hat es einen Tempeldiener der Pinkassynagoge, Abraham Ben Secharja, wirklich gegeben; sein Grabstein auf dem alten Judenfriedhof berichtet, daß Secharja im Jahre 1602 starb und dreißig Jahre lang besagtes Amt bekleidet hat, also in der Zeit, in der die Sage spielt.

Auch die Angaben des Weges in die und von der Zeikerl-(Zigeuner-)Gasse entsprechen lückenlos dem zeitgenössischen Plan Prags, »Prage Bohemica Metropolis Accuratissime expresse 1562«, dessen Original in Breslau erhalten ist. Zweieinhalb Kilometer von den Zinnen der Stadtmauer, vom Neutor entfernt, sehen wir auf der Karte den Galgenberg mit Rad und Galgen.

Dort draußen in Žižkov, auf dem niederen Sandsteinhügel, der »Židová pece«, Jüdischer Backofen, heißt, wurden jahrhundertelang die Armensünder vom Leben zum Tode gebracht. Der letzte hieß Wenzel Fiala, war ein junger Kellner und hatte seine Geliebte umgebracht; am 18. Juni 1866 fuhr er unter den Galgen. Zehntausende von Menschen starrten von Schaugerüsten und von den Anhöhen auf ihn, Würstelmänner, Bänkelsänger, Schaubudenbesitzer und fliegende Händler hatten bei diesem Volksfest vollauf zu tun, dem der Tag von Königgrätz folgte, Verwundetentransporte, Bismarck, der Sieger.

Kanonendonner von Königgrätz, 1866... Im Kanonendonner von Uzok, 1915, hat mir mein Freund in Wola-Michowa erklärt, warum er im Plan von Prag den Bleistiftstrich in der Richtung gegen jenen Hügel gezogen hat, den ich eben betreten habe, eine Fährte aus Rudolfs II. okkultistisch gelaunter Zeit verfolgend.

Da stehe ich nun auf dem Platz, zu dem der letzte Weg des Golems geführt haben soll. Grab des Golems: ein kaum fünf Meter hoher Hügelzug, schüttere Grasbüschel.

Der Abend bricht an, schon sind die Fabriksirenen verschrillt, die Kuppeln der Wolschaner und Straschnitzer Friedhofskapellen lockern ihre Konturen, über dem Schlot

der Kapselfabrik steht eine helle, erstarrte Rauchsäule wie das geblähte Tuch einer Standarte.
Um den Fußballplatz des SC Victoria läuft ein trainierender Leichtathlet, in den Schrebergärten, die sich bis zu den Hügeln drängen und deren Hütten armselig wie Bauernaborte sind, fangen Fabrikarbeiter jetzt für sich zu arbeiten an. Vor dem Haus der Schußwaffenüberprüfungskommission langweilt sich ein Wachtposten.
Unter mir sind Abraumplätze; zerbrochene Kochtöpfe und Waschbecken aus Blech, rostige Konservenbüchsen, unheilbar verbeulte Bratpfannen, Kasserollen, Topfdeckel und Reibeisen mit hypertrophischen Löchern lagern auf unregelmäßigen Haufen. Die Farben dieser Žižkover Dolomiten mischen sich mit Gummigut.
Verrußte Liebespaare suchen sich die engsten Mulden. Rachitische Kinder, zehnjährig, zwölfjährig, schleichen sich indianisch heran, um etwas vom Liebesverkehr zu lernen.
Die Hügel sind von Spaten unterwühlt; nur dünne Sandschichten, überhängend, bilden das Dach der Höhlen. Überall könnte man einen Sarg mit dem Golem hinlegen und den Überhang einstürzen lassen.
Ein dreijähriges Mädchen hat sich vom Abraum einen zinnernen Nachttopf geholt, um darin aus Sand einen guten Gugelhupf zu backen; die Mutter, die mit einem Soldaten etwas abseits sitzt, stößt den Napf mit dem Fuß fort und schlägt das weinende Kind; Mutters uniformierter Liebhaber lacht dazu.
Menschen gehen müde, gebeugt, blutleer aus den Betrieben in ihre Wohnungen hinter der Stadt, nach Hrdlorez, Maleschitz oder noch weiter.
Und über dem Grab des Golems stehend, weiß ich, warum es sein soll, daß der dem fremden Willen bedingungslos untertane und für fremden Nutzen arbeitende Roboter unwiederbringlich bestattet liege.

GERSHOM SCHOLEM

Der Golem von Prag und der Golem von Rehovot

I

Es war einmal ein großer Rabbi in Prag. Er hieß Rabbi Juda Löw ben Bezalel und ist in der jüdischen Tradition als der »Hohe Rabbi Löw« berühmt. Er starb 1612. Er war ein großer Gelehrter und Mystiker, aber die jüdische Volksüberlieferung schreibt ihm vor allem die Schaffung eines Golem zu, das heißt eines Geschöpfes, das durch die magische Kraft des Menschen und in menschlicher Form produziert werden kann. Der Golem des Rabbi Löw war aus Lehm gemacht, aber durch die konzentrierte Macht des Geistes seines Schöpfers, die sich auf ihn richtete, erhielt er eine Art von Leben. Freilich stellt diese große menschliche Schöpfermacht nur einen Reflex von Gottes eigener schöpferischer Kraft dar. Diese äußert sich darin, daß der Rabbi, nachdem er alle Vorschriften zum Aufbau seines Golem erfüllt hatte, einen Zettel mit dem mystischen und unaussprechlichen Namen Gottes in seinen Mund steckte. Solange dieses Siegel unversehrt in seinem Munde blieb, war der Golem am Leben, wenn man diesen seinen Zustand als Leben bezeichnen darf. Denn der Golem konnte arbeiten und dem Befehl seines Meisters folgen und alle möglichen Aufträge für ihn erfüllen, dabei sogar ihm und den Juden von Prag auf manche Weise behilflich sein – aber die Fähigkeit der Sprache war ihm nicht verliehen. Er konnte Befehle befolgen und sie irgendwie sich zurechtlegen, das war aber auch alles.

Eine Zeitlang ging das alles gut; der Golem, als ein Helfer des Rabbi, erhielt sogar seinen Ruhetag am Sabbat, wo Gottes Geschöpfe keine Arbeit verrichten sollen. Vor Eingang des Sabbat nahm der Rabbi den Zettel mit dem belebenden Namen Gottes wieder fort, und der Golem wurde für diesen Tag eine leblose Lehmfigur. Einmal jedoch vergaß der Hohe Rabbi Löw, am Freitagnachmittag den Namen Gottes zu entfernen, und ging in die Synagoge von Prag, um mit der

Gemeinde zu beten und den Sabbat zu empfangen. Der Tag war fast vorüber und der Sabbat hatte noch nicht eigentlich begonnen, als der Golem unruhig wurde, immer größer aufwuchs, mit ungeheurer Kraft zu toben begann, an den Häusern rüttelte und alles zu vernichten drohte. Die Leute wußten nicht, wie ihn in seinem Amoklauf aufzuhalten. Bald erreichten Gerüchte von der Panik die Alt-Neuschul, wo der Rabbi betete. Der Rabbi stürzte auf die Straße, dem rasenden Golem entgegen, der, auf sich selbst gestellt, eine zerstörende Gewalt entwickelte. Mit letzter Anstrengung warf er sich auf den Golem und riß den heiligen Namen aus seinem Mund, der Golem fiel zu Boden und wurde wieder ein Klumpen lebloser Erde.

In einer anderen Version derselben Legende, deren Held ein großer polnischer Rabbi des 16. Jahrhunderts ist, gelingt es diesem zwar, den Golem aufzuhalten, aber der riesige Lehmklumpen fällt auf ihn und tötet ihn. Die berühmteste Fassung der Legende vom Golem als einer fast menschlichen Kreatur ist aber die über den Hohen Rabbi Löw, der nach jenem Ereignis den Golem nicht wieder zum Leben erweckt und seine Reste auf dem Dachboden der uralten Synagoge begraben haben soll, wo sie jetzt noch liegen. Hier darf ich wohl anmerken, daß der Hohe Rabbi Löw nicht nur der geistige, sondern auch der leibliche Urahn des großen Mathematikers Theodor von Kárman war, der, wie ich mich gut erinnere, äußerst stolz auf diesen Ahnen war, in dem er den ersten Genius der angewandten Mathematik in seiner Familie sah. Außerdem dürfen wir aber sagen, daß Rabbi Löw auch der geistige Urahn von zwei anderen großen Mathematikern jüdischen Ursprungs war – Johann von Neumann und Norbert Wiener –, die mehr als irgend jemand sonst die theoretischen Grundlagen zu jener mathematischen Magie gelegt haben, die den Golem unserer Tage, den modernen Computer, produziert hat. Es ist die zur Zeit letzte Verkörperung dieser Magie, die uns an diesem Tage einzuweihen vergönnt ist – der Golem von Rehovot. Und in der Tat, der Golem von Rehovot kann nicht übel mit dem Golem von Prag in Konkurrenz treten.

Diese Vorstellung vom Golem ist aber tief im Denken der jüdischen Mystiker des Mittelalters, der Kabbalisten, verwurzelt. Ich möchte Ihnen wenigstens eine Andeutung von dem geben, was hinter dieser Idee steckt. Das scheint weitab von dem zu liegen, woran der moderne Ingenieur für Elektronik und der angewandte Mathematiker denken, wenn sie ihre eigene neue Spezies von Golems zusammenbrauen – und doch läuft, aller theologischen Fallen ungeachtet, eine direkte Linie zwischen diesen Entwicklungen.

Letzten Endes ist der Golem nichts als eine Reproduktion von Adam, dem ersten Menschen selber – ein Wesen, das durch menschliche Intelligenz und Konzentration geschaffen ist, das zwar unter der Kontrolle seines Schöpfers steht und Aufgaben erfüllt, die dieser ihm stellt, das aber zugleich eine gefährliche Neigung entwickeln kann, dieser Kontrolle zu entwachsen und zerstörerische Fähigkeiten zu entfalten – wie der Mensch selber. Gott konnte den Menschen aus einem Haufen Lehm schaffen und ihn mit einem Funken seiner göttlichen Lebenskraft und Intelligenz versehen. Das ist im Grunde das »Ebenbild Gottes«, in dem der Mensch geschaffen ist. Ohne diese Intelligenz und die Spontaneität des menschlichen Geistes wäre Adam nichts als ein Golem gewesen, wie er denn in der Tat in einigen der alten rabbinischen Geschichten, die den biblischen Bericht ausdeuten, auch genannt wird. Solange es sich bei ihm nur um die Kombination natürlicher und materieller Faktoren und deren höchste Steigerung handelte und bevor jener entscheidende göttliche Funke ihm eingehaucht wurde, war Adam wirklich nur ein Golem. Erst als ein ganz klein wenig von Gottes schöpferischer Kraft in ihn überging, wurde er Mensch, in Gottes Ebenbild. Kann es danach überraschen, daß der Mensch in seinem eigenen, so unendlich kleineren Bereich das versucht, was Gott auf seine Weise am Anfang unternahm?

Die Sache hat aber einen Haken: der Mensch kann die Kräfte der Natur – von ihm als die Grundkräfte der materiellen Schöpfung bestimmt – zusammenfassen und zu etwas kombinieren, was den Anschein von Menschlichem hat. Aber eines kann es diesem seinem Produkt nicht geben: Sprache, die für den biblischen Autor identisch mit Vernunft und Intuition ist. Der Talmud erzählt eine kleine Anekdote: »Raba schuf einen Menschen und schickte ihn zu Rabbi Sera. Der sprach zu ihm, aber er antwortete nicht. Daraufhin sagte der Rabbi: Du mußt von meinen Kollegen von der Akademie gemacht worden sein; kehre zu deinem Staub zurück.« Im Aramäischen, der Sprache des Talmud, wird für »akademische Kollegen« dasselbe Wort wie für »Magier« gebaucht, keine üble Doppeldeutigkeit. Wie der menschliche Geist der allumfassenden Einsicht Gottes gegenüber unendlich unterlegen bleibt, so bleibt die Intelligenz des Golem hinter der menschlichen zurück – es fehlt ihr seine Spontaneität, die den Menschen erst zu dem macht, was er ist.

Und doch – selbst auf dieser subhumanen Ebene stellt sich im Golem etwas von der schöpferischen Macht des Menschen dar. Die Welt ist, der Ansicht der Kabbalisten zufolge, im wesentlichen aus den Urelementen der Zahlen und Buchstaben aufgebaut, denn die Buchstaben der Sprache Gottes, von der die menschliche Sprache nur einen Reflex darstellt, sind ja nichts als konzentrierte schöpferische Energie. Wenn der Kabbalist also diese Grundelemente in allen ihren möglichen Kombinationen und Permutationen durch seinen Geist gehen läßt, während er über die Mysterien der Schöpfung meditiert, strahlt etwas von dieser Urkraft in den Golem aus. Die Schöpfung eines Golems bestätigt also in gewisser Weise die produktive und schaffende Kraft des Menschen. Sie wiederholt, wenn auch in kleinstem Maßstab, das Schöpfungswerk.

Das hat aber auch einen eher unheimlichen Aspekt. In einem der ältesten Texte, die wir über den Golem haben, wird erzählt, daß der Prophet Jeremia sich allein mit dem »Buch der Schöpfung« – dem ältesten hebräischen Text über den Aufbau der Welt aus Buchstaben und Zahlen – beschäftigte. Da erging eine himmlische Stimme an ihn und sprach: Nimm dir einen Genossen. Jeremia nahm sich seinen Sohn Sira, und sie studierten das Buch drei Jahre lang zusammen. Danach gingen sie daran, die Alphabete nach den kabbalistischen Prinzipien der Kombination, Zusammenfassung und Wortebildung zu kombinieren. Daraus wurde ihnen ein Mensch geschaffen, auf dessen Stirne stand: *JHWH Elohim Emeth*, was bedeutet: Gott der Herr ist Wahrheit. Der neuerschaffene Golem hatte aber ein Messer in der Hand, mit dem er den ersten Buchstaben des Wortes *Emeth* (Wahrheit) auslöschte. Da blieb nur das Wort *meth*, das heißt: »ist tot«. Da zerriß Jeremia seine Kleider – der Blasphemie wegen –, die nunmehr in der Inschrift steckte, die ja besagt: Gott der Herr ist tot. Er sagte zu dem Menschen: Warum löscht du das *Aleph* von *Emeth* aus? Er antwortete: Ich

will dir das Gleichnis erzählen. Ein Architekt baute viele Häuser, Städte und Plätze, niemand aber konnte ihm seine Kunst ablauschen und es mit seinem Wissen und seiner Handfertigkeit aufnehmen, bis ihn zwei Leute überredeten, ihnen das Geheimnis seiner Kunst beizubringen. Als sie alles richtig erlernt hatten, begannen sie ihn mit Worten zu provozieren, bis sie mit ihm brachen und selber Architekten wurden. Nur machten sie alles billiger: wofür er einen Taler nahm, das machten sie für 6 Groschen. Als die Leute das merkten, hörten sie auf, den Künstler zu ehren und gingen zu den aufsässigen Schülern. So hat euch Gott in seinem Ebenbilde, in seiner Gestalt und Form geschaffen. Nun aber, wo ihr wie Er einen Menschen erschaffen habt, wird man sagen: Es ist kein Gott in der Welt außer euch beiden. Jeremia sagte: Gibt es einen Ausweg? Er antwortete: Schreibt die Alphabete von hinten nach vorn in jene Erde, die ihr mit gesammelter Konzentration hingestreut habt, um einen Golem aus ihr zu machen. Nur meditiert darüber nicht in der Richtung des Aufbaus, sondern vielmehr umgekehrt. Das taten sie, und jener Mensch zerfiel vor ihren Augen zu Staub und Asche.
Es ist schon einigermaßen bemerkenswert, daß Nietzsches berühmter Ausruf »Gott ist tot« zuerst in einem kabbalistischen Text, als eine Warnung vor der Golemschöpfung auftaucht. Eine gelungene Golem-Schöpfung, die nicht nur im Symbolischen sich vollzieht, würde den »Tod Gottes« einleiten!
In der historischen Entwicklung dieser Vorstellung hat der Golem immer auf zwei ganz verschiedenen Ebenen existiert. Die eine war die Ebene der ekstatischen Erfahrung, auf der die Lehmfigur, in die alle Ausstrahlungen des menschlichen Geistes, die die Kombinationen aller möglichen Alphabete sind, einfließen, für einen Moment der Ekstase, aber nicht außerhalb von ihr, lebendig wird. Die andere war die Ebene der jüdischen Legende, auf der das Gerücht von den kabbalistischen Spekulationen, die sich auf eine geistige Ebene bezogen, nun in handfeste Erzählungen wie die, die ich hier eingangs vom Hohen Rabbi Löw zitiert habe, umgesetzt wurde. Der Golem wurde aus einer geistigen Erfahrung mittelalterlicher Mystiker der technische Diener menschlicher Bedürfnisse, der von seinem Schöpfer in einem unsicheren, labilen Gleichgewicht gehalten wird.

Hier dürfen wir nun einige Fragen aufwerfen, die sich beim Vergleich des Golems von Prag mit dem von Rehovot, dem Werk des Hohen Rabbi Löw mit dem Werk des Professor – oder sollte ich lieber sagen Rabbi? – Chajim Löw Pekeris ergeben.

1. Haben sie eine gemeinsame Grundkonzeption? Ich würde sagen, ja. Der alte Golem beruhte auf einer mystischen Kombination der 22 Buchstaben des hebräischen Alphabets, die zugleich die Elemente und Bausteine der Welt sind. Der neue Golem beruht auf einem viel einfacheren, und doch zugleich viel verwickelteren System. Statt 22 Elemente kennt er nur zwei, die beiden Zahlen 0 und 1, die das binäre Zahlensystem ausmachen. Alles kann in diese zwei Grundzeichen übersetzt oder transponiert werden, und was sich durch dieses System nicht ausdrücken läßt, kann dem Golem nicht als Information zugeführt werden. Ich würde sagen, daß die alten Kabbalisten mit Vergnügen von dieser Vereinfachung ihres eigenen Systems Kenntnis genommen hätten. Das ist Fortschritt!

2. Was bringt den Golem in Gang? In beiden Fällen ist es dasselbe: Energie. Im alten Golem war es die Energie der Sprache, im neuen ist es die der Elektronik. Im Fall der Kabbalisten war es der *Schem ha-meforasch*, der unverstellte, ausdrückliche und diffenzierte Name Gottes, der aller Sprache zugrunde liegt. Heute ist es die Differenzierung nach einem vorgegebenen System von Zeichen und Chiffren sowie deren Deutung, die den Golem funktionabel macht.

3. Wie steht es um die menschliche Gestalt? Hier muß ich einige Bedenken anmelden. Gewiß, der Prager Golem war als menschliches Wesen nicht sonderlich attraktiv, aber immerhin scheint er eine ausgesprochene Ähnlichkeit mit menschlicher Erscheinung gehabt zu haben. Leider läßt sich das von unserem jetzigen Golem von Rehovot nicht gerade sagen. Natürlich könnte man einwenden, daß solche äußerlichen Formen nurmehr optische Täuschungen und Illusionen sind, und worauf es schließlich ankäme, sei der Geist, der hier am Werke ist. Und hier mag der Golem von Rehovot einen Vorteil zu verzeichnen haben. Äußerliche Schönheit ist ihm versagt. Welche spirituellen Schönheiten in seinem Innern

darauf warten, aufgerufen zu werden, das werden wir, möchte ich hoffen, zur gegebenen Zeit erfahren.

4. Kann der neue Golem an Gestalt und Produktivität zunehmen? Gewiß, würde ich sagen, obwohl wir vom Golem von Rehovot eigentlich erwarten, daß er bei wachsender Leistung gerade im Ausmaß immer mehr zusammenschrumpfen und ein attraktiveres und gefälligeres Äußere annehmen wird. Ob der Golem von Prag imstande war, seine Irrtümer zu korrigieren, muß ich bezweifeln. Der neue Golem aber scheint auf manche Weise fähig zu sein, zuzulernen und sogar in gewissem Umfang sich selber zu verbessern. Das macht die heutigen Kabbalisten und Magier der Elektronik erfolgreicher als die alten, und ich darf ihnen dazu gratulieren. Ja, noch mehr: der alte Golem, lernen wir in Goethes »Zauberlehrling«, diente seinem Meister, indem er Wasser heranschaffte. Der neue dient dem seinigen, dem Rabbi Chajim Pekeris, indem er ihm hilft, die Meeresgezeiten zu berechnen – für einen Golem, der mit Wasser umgeht, immerhin eine eher fortschrittliche Art von Aktivität.

5. Wie steht es mit dem Gedächtnis und der Fähigkeit zu sprechen? Welche Gedächtnisleistungen – wenn überhaupt – der alte Golem vollbringen konnte, wissen wir nicht. Der neue weist zweifellos in dieser Hinsicht eine große Verbesserung auf, wenngleich er, wie ich leider sagen muß, an gelegentlichen Gedächtnisstörungen und anderen ärgerlichen, wenn auch vorübergehenden Schwächen leidet, welche seinen Meistern zu schaffen machen. Der Fortschritt im neuen Golem hängt also in gewisser Weise mit einem Rückschritt seinem früheren Zustand gegenüber zusammen. Adam war, wenn wir den Rabbis glauben dürfen, niemals krank, und dasselbe gilt für den alten Golem der Kabbalisten. Der neue jedoch scheint, Gott sei's geklagt, eine trübselige Neigung in dieser Richtung zu haben. Und was gar die Sprache betrifft und alles, was darin steckt – die Sponaneität der Intelligenz –, so erweist sich, daß es dem alten und dem neuen Golem in gleicher Weise daran merklich fehlt. Alle Welt ergeht sich in Spekulationen darüber, wie es mit den fortgeschritteneren Formen des Golem gehen wird. Vorerst scheint es jedoch, daß wir uns auch noch für lange Zeit mit einem Golem abfinden müssen, der nur tut, was man ihm sagt, und keine eigene Initiative entwickelt. Es ist noch ein

langer, langer Weg bis zu jener utopischen Gestalt eines Golem, von der eine berühmte Karikatur im »New Yorker« handelte. Da waren zwei Wissenschaftler zu sehen, die in größter Verlegenheit vor diesem »endzeitlichen« Golem stehen, während sie gebannt auf den Bandstreifen starren, der seine letzte Information preisgibt. Unter dem Bildchen stand: »Das verfluchte Ding sagt: *Cogito, ergo sum.*«

6. Das bringt mich auf meine letzte Frage: Kann der Golem lieben? In einem alten hebräischen Buch – das freilich nicht ganz so alt ist, sondern sich nur so stellt – sind einige Aussprüche über den Golem zu lesen, die dem Hohen Rabbi Löw zugeschrieben werden. Einer davon lautet: »Der Golem war niemals krank, denn er war gegen jeden Impuls zum Bösen, aus dem alle Krankheit stammt, immun. Und er mußte ohne den sexuellen Trieb erschaffen werden; denn hätte er ihn mitbekommen, wäre kein Weib vor ihm sicher gewesen.« Ich muß es Ihnen überlassen, diese Frage für den neuen Golem zu beantworten, denn ich weiß wirklich nicht, was ich gerade in diesen Zeitläuften davon denken soll.

Mein Leben lang habe ich darüber Klage geführt, daß das Weizmann-Institut nicht die Mittel aufgebracht hat, um ein Institut für experimentelle Dämonologie und Magie zu errichten, dessen Begründung ich schon lange vorgeschlagen habe. Sie zogen etwas, was sie angewandte Mathematik nennen, und deren sinistre Möglichkeiten der direkten Magie vor, mit der ich an die Sache herangehen wollte. Als sie Chajim Löw Pekeris mir vorzogen, hatten sie wohl keine Ahnung, auf welches moderne Abenteuer sie sich einließen.

So gebe ich denn auf und sage nur zum Golem und seinem Schöpfer: Entwickelt euch friedlich und zerstört die Welt nicht. *Schalom.*

FRANZ KAFKA

Tagebücher

Aufzeichnungen aus dem Jahre 1916

[...]
Es wurde natürlich bald bekannt, daß der Rabbi an einer Tonfigur arbeitete. Sein Haus, das mit allen Türen aller Zimmer Tag und Nacht offen stand, enthielt nichts Sichtbares, das nicht allen gleich bekannt wurde. Immer wanderten einige Schüler oder Nachbarn oder Freunde die Treppe des Hauses auf und ab, blickten in alle Räume und traten, wenn sie nicht gerade den Rabbi selbst irgendwo antrafen, überall ein, wo es ihnen beliebte. Und einmal fanden sie in einem Waschtrog einen großen Klumpen rötlichen Tons.
So sehr hatte die Freiheit, die der Rabbi allen in seinem Haus gab, sie verwöhnt, daß sie sich nicht scheuten, den Ton zu betasten. Er war hart, kaum daß sich bei starkem Druck die Finger von ihm färbten, sein Geschmack – auch mit der Zunge mußten die Neugierigen an ihn heran – war bitter. Wofür der Rabbi ihn hier im Waschtrog aufbewahrte, war unverständlich.

Bitter, bitter, das ist das hauptsächlichste Wort. Wie will ich eine schwingende Geschichte aus Bruchstücken zusammenlöten?

Leicht flog ein schwacher weißgrauer Rauch ununterbrochen aus dem Kamin.

Der Rabbi stand mit aufgestülpten Ärmeln wie eine Wäscherin vor dem Trog und knetete den Ton, der schon in rohen Umrissen die menschliche Gestalt zeigte. Immer hielt der Rabbi, selbst wenn er nur an einer kleinen Einzelheit, etwa an einem Fingerglied arbeitete, die ganze Gestalt mit den Augen fest. Trotzdem die Figur doch sichtlich menschenähnlich zu gelingen schien, benahm sich der Rabbi wie ein Wütender, immer wieder fuhr sein Unterkiefer vor, ununterbrochen wälzten sich seine Lippen aneinander vorüber, und wenn er die Hände in dem bereitstehenden Wasserkübel feuchtete, stieß er sie so wild hinein, daß das Wasser die Decke des kahlen Gewölbes anspritzte.

NICOLAS BORN

Entsorgt

So wird der Schrecken ohne Ende langsam
normales Leben
Zuschauer blinzeln in den Hof
im Mittagslicht
Kleinstadt, harte Narbe ziegelrot
Gasthaus, wehende Gardinen
und am Schreibtisch ist jetzt gering
der persönliche Tod.
Ich kann nicht sagen, wie die Panik der Materie
wirkt, wie ich in meiner Panik
die nicht persönlich ist, nur an die
falschen Wörter komme.
Das sorgend Schöne fehlt mir an *Krypton* und
Jod 129. Mir fehlt die Zukunft der Zukunft
mir fehlt sie.
Mir fehlen schon meine Kindeskinder
Erinnerung an die Welten
mir fehlen Folgen, lange Sommer am Wasser
harte Winter, Wolle und Arbeit.

Hier entstehen Folgen starker Wörter
die leblos sind, das verruchte Gesindel
spürt nichts, sie schließen die Kartelle
keine Ahnung was sie in die Erde setzen
Ahnung nicht, nur Wissen
was sie in die Erde setzen in Luft und Wasser
für immer
kein Gefühl für »immer«. Den Tod
sonderbehandeln sie wie einen Schädling
der gute Tod vergiftet wie die liebe Not.
Was schändet ihr die Gräber meiner Kindeskinder
was plündert ihr den Traum der Materie,
den Traum der Bilder, des Gewebs, der Bücher
Knochen.

Die Trauer ist jetzt trostlos
die Wut ohne Silbe, all die maskierte Lebendigkeit
all die würgende Zuversicht
Gras stürzt, die Gärten stürzen, niemand
  unterm Geldharnisch fühlt die Wunde
entsorgt zu sein von sich selbst.
Kein Gedicht, höchstens das Ende davon.
  Menschenvorkommen
gefangen in verruchter Vernunft, die sich
  nicht einmal weiß vor Wissenschaft.
Kein Schritt mehr frei, kein Atem
kein Wasser unerfaßt, käufliche Sommerspuren
die Haut der Erde – Fotoabzüge
die betonierte Seele, vorbereitetes Gewimmer
  das dann nicht mehr stattfindet
  vor Stimmgebrochenheit.
Winzige Prozeßrechnungen in der hohlen Hand
  beleben die Erde, alleswissende Mutanten
dafür totaler Schutz vor Erfahrungen.
Lebensstatisten, Abgänger. Am Tropf
  der Systeme.

Gekippte Wiesenböschung, Engel, ungewisse,
warmer Menschenkörper und Verstehn
Gärten hingebreitet, unter Zweigen Bänke …
  … Schatten … Laub … im Wind gesprochen
  ……… Samen

Fortsetzungsgeschichte

Früher war der rote Faden eine Blutspur
es gab Momente der Ruhe und der Sammlung
   sogar im Feuer.
Still lagen die Körper bei Sonnenuntergang
die überlebenden Erzähler würfelten.

Inzwischen ist der Tod vorgedrungen bis zu uns
aber wir sind weniger gewarnt
   – keine Witterung mehr.
Ich frag mein Bein ob es Bescheid weiß
meinen Bauch meine Hände mit denen ich
meine Fortsetzungsgeschichte füttere und streichle.

Große Erzählerschlachten sind in meine Wände
   geritzt
Strahlen prasseln auf mein Haar
an den Gelenken werden Uhren alt.
Diese Minuten in denen ich dies aufschrieb
bleiben erhalten wie alles was vorbei ist.
Heute bist du dran morgen ich und beide sind wir
   lange her.

Meine Fenster blicken noch in die Welt
nicht unähnlich der Welt
   wie sie in meine Fenster blickt.
Unter der Kopfkrümmung ist alles begraben
der Anblick der nassen Dächer trocknet schnell.
Wahn summt in der Etagenheizung
Wahn zehrt vom Hund in der Hundegeschichte.
Ich spüre noch Möglichkeiten:
   einige Tierleben.

Träume frottiere ich aus dem Gesicht
der Bimsstein liegt auf dem Wannenrand wie gestern
aber vieles ist niedergelegt und abgeschrieben
seitdem.

Hier ist das Wort *hier*
wo ich sitze nämlich
wo der Mitmensch mir den Hinterkopf anbietet
wo ich gestern Cola verschüttet habe
– man sieht es noch auf den Bodenplatten.
Ich habe einen Beutel Schmierseife gekauft
und heute morgen einem Handwerker eine gewöhnliche
Bemerkung gemacht
»so geht das« oder so ähnlich.
Auf die Dauer sagt man mit allem etwas.

An der Geschichte ist das beste daß sie genau
bei uns aufhört
obwohl viele noch mitschreiben.
Ich muß mir immer die Welt ohne mich vorstellen
es muß sein
und wie unverschämt ich oft den Nachkommen
zuvorkomme.
Einst habe ich »einst« geschrieben und schreibe jetzt
wieder »weiße Wände«
meine geheimen Fortsetzungen
meine Wärme die mich an nichts als Kälte erinnert.

Mit uns macht die Geschichte Schluß.
Am genauesten sieht man sie wenn der Zug
langsam entlangfährt an den Rückseiten der Städte
Lagerhallen Höfe, die Kehrseite der Wäsche
und der Blumenfenster
die erdabgewandte Seite der Geschichte.

NIKOLAUS LENAU

Herbst

Nun ist es Herbst, die Blätter fallen,
Den Wald durchbraust des Scheidens Weh,
Den Lenz und seine Nachtigallen
Versäumt' ich auf der wüsten See.

Der Himmel schien so mild, so helle,
Verloren ging sein warmes Licht;
Es blühte nicht die Meereswelle,
Die rohen Winde sangen nicht.

Und mir verging die Jugend traurig,
Des Frühlings Wonne blieb versäumt;
Der Herbst durchweht mich trennungsschaurig,
Mein Herz dem Tod entgegenträumt.

JEAN AMÉRY

Das Prinzip Hybris

Wenden wir uns nun Utopien ganz anderer Art zu, die mit der hier vage umrissenen nicht mehr gemein hat als den Namen. Ihre Chiffre ist nicht das Prinzip Hoffnung, sondern das Prinzip Hybris.

Daß der Begriff oder die Chiffre Hybris in unserem Zusammenhang nicht negativ wertbesetzt ist, bedarf keiner Bekräftigung: Der prometheische Elan gehört zu den großen Mythen und Triebkräften der modernen Zivilisation. Wenn das Prinzip Hoffnung historisch rückführbar ist auf die religiöse Heilserwartung, oder anders: wenn es die dialektische Antithese dieser Heilserwartung ist, die in ihrer Gestalt als konkrete Utopie gleichsam vom Kopf auf die Füße gestellt wurde – so ist das Prinzip Hybris das ganz jenseits der Heilshoffnung stehende Agens der Naturbeherrschung durch den Menschen. Der Aufbruch zur Domination der Natur, der Wille, diese Natur zu bewältigen und zu *über*wältigen, die Entschlossenheit, nicht so sehr das Reich des Menschen auf Erden zu erschaffen, als vielmehr die Dinge dem Menschen dienstbar zu machen: das ist die Form der utopischen Tat, die uns nunmehr beschäftigt.

Heißt das, es solle einer strikten Trennung von gesellschaftlicher und technisch-wissenschaftlicher Utopie das Wort geredet werden? Ich zögere mit der Antwort. Die großen Utopien der Vergangenheit waren zugleich technische und soziale. Thomas Morus fand die Grundlage seiner Utopie sowohl im urchristlich-sozialistischen Zukunftstraum als auch in der technisch-militärischen Tatsache einer mächtigen, die Insel der Seligen beschirmenden Flotte. Die Vision einer zugleich technisch und human entwickelten, *durch* eben das technische Mittel zur Humanität gelangenden Welt konnte aber nur bestehen, so lange die Technik das Maß des Menschen noch nicht gesprengt hatte und gleichsam autonom geworden war. Das ganze Problem der menschlichen Zukunft, der Utopie, stellt sich neu und anders, seit die Technik die ihr immanenten Gesetze als soziale Verbindlichkeiten ausschrieb. Es ist oft genug gesagt worden, daß der technisch-wissenschaftliche Vorausgang in den letzten hundert Jahren unvergleichlich erheblicher war als in den vergangenen fünftausend und daß neunzig Prozent aller Techniker und Exaktwissenschaftler, die je gewirkt haben, noch heute leben. So mußte denn notwendigerweise die technisch-szientistische Utopie, die heute als wissenschaftliche Futurologie auftritt, sich von der sozialen lösen – so weit, daß Sozial-Utopisten wie Herbert Marcuse die technische Utopie als den Widersacher der sozialen erachten und daß mehr und mehr die technischen Fiktions-Utopien nicht als Menschheitsträume, sondern als Alpträume konzipiert werden, das heißt: sich als negative Utopien präsentieren. Die Wissenschaft, notiert der französische Soziologe *Jean Servier*, hat das *Credo quia absurdum est* der Religion ersetzt durch das hybrische – und von der Technizität in der Tat zum Teil, wenn auch gewiß nicht vollumfänglich gerechtfertigte – *Credo quia certum est.* Die gesellschaftliche Utopie, die auf dem Prinzip enttäuschbarer Hoffnung basiert, ist inhaltlich *offen*: das ist ihre Größe und ihre fatale Schwäche. Die technisch-wissenschaftliche, vom Prinzip Hybris aus operierend, ist als Futurologie *geschlossen*: darin liegt ihre faszinierende Gewalt so gut wie ihre tödliche Gefahr.

Ist es also tatsächlich so, daß heute, um in unserer von Wertakzenten unbelasteten Terminologie zu verharren, die hybrische und die hoffnungsgetragene Utopie, soziale einerseits, szientistische andererseits, einander feindlich gegenüberstehen? Man soll sich keine Theorie abzwingen. Nach wie vor bestehen Querverbindungen. Die technische Utopie beziehungsweise die wissenschaftliche Futurologie ist nicht immer und überall von der Selbstgerechtigkeit des *Credo quia certum est* durchdrungen. Sie hat, wie noch zu zeigen sein wird, eine deutliche Tendenz, wiederum in die soziale zurückzuführen, wenn auch diese, dem Geiste des Szientismus folgend, am Ende vielfach eine administrative wird und uns vom zu verwirklichenden integralen Menschen weg und dem verwalteten oder, wie man heute sagt, manipulierten entgegenführt. Zunächst aber gilt es, der hybrischen Utopie jene Gerechtigkeit zuteil werden zu lassen, die sie verdient.

Die Feststellung drängt sich auf, daß hybrische Utopie als »geschlossene« dem immanenten Gesetz wissenschaftlichen Umgreifens unterliegt. So wie in jedem Tagtraum das Prinzip Hoffnung sich verbirgt, ist in jeder Planung das Prinzip Hybris enthalten. Wer immer was immer unternimmt, geht bei seinem Entwurf – und handle es sich um die alltägliche Planung, beispielsweise ein Ferienprojekt – von bestimmten Gegebenheiten aus, deren Kausalabläufe in der Zukunft er rational zu kalkulieren versucht. Er verläßt sich, wenn er im kommenden Sommer nach Skandinavien zu reisen wünscht, nicht auf das Fatum oder auf Gottes unerforschlichen und darum höchst unberechenbaren Ratschluß, sondern auf Fahrpläne, Hotelprospekte, klimatische Berichte, also im weitesten Sinne auf *Information.* Er handelt, wenn man so will, »wissenschaftlich«, genauer: exaktwissenschaftlich; denn der ganze operationelle und damit soziale Sinn der Naturwissenschaften ist es ja, Voraussagen zu erstellen. Was man heute Zukunftsforschung nennt und was wir in unserem Zusammenhang als technisch-szientistische Utopie bezeichnen, ist im Grunde nichts anderes als die konsequente Weiterführung eines rationalen Verhaltens, das im Dienste der Arterhaltung steht und von langer Hand her bekannt ist. Diese Utopie – bezeichnen wir sie trotz begrifflicher Schwierigkeit noch weiterhin als solche – versucht nun allerdings das Zufällige, von dem Ernst Bloch sagt, es werde von der Hoffnung mit sich geführt, weitgehend auszuschalten. Ja, die Elimination des Kontingenten ist geradezu ihr Wesensmerkmal. Der oben erwähnte Jean Servier spricht denn auch in seiner »Geschichte der Utopie« vom utopistischen Szientismus als einem quasi religiösen Unfehlbarkeitsglauben. Die besten Köpfe unter den modernen Zukunftsforschern sind sich bereits klar über die Gefahr solch blinden Vertrauens auf die rationale Kalkulierbarkeit des Künftigen. In einem Aufsatz »Die Zukunft beginnt in den Köpfen« schreibt *Robert Jungk*, dessen Name wie kaum ein anderer Gedankenreihen an die Einsicht in technische Zukunft entstehen läßt:

> »Die Gefahr der Überschätzung der Zukunftsforschung scheint im Augenblick fast ebenso groß zu sein wie ihre Unterschätzung... Wir, die wir uns mit Zukunftsforschung befassen, sind uns klar darüber, daß sie noch

außerordentlich viele Lücken hat, daß zum Beispiel der ganze Sektor der Sozialpsychologie von ihr erst ganz ungenügend berücksichtigt wurde... Das Ignorieren des Menschlichen, des Humanfaktors, kann aber dazu führen, daß dieses ganze rationale System der Überschau und Vorausschau als untragbar, unmenschlich empfunden und zerstört wird.«

Jedoch – und damit schwingen unsere Überlegungen wieder zurück zum Problem der hypertrophierten Technizität – kommt auch ein humanistischer Futurologe wie Jungk nicht los von jener Überschätzung des Szientismus, die wir bei einem Ideologie- und Utopiekritiker wie [...] Karl Popper ebenso finden wie in dem Kybernetik-Chiliasmus eines Karl Steinbuch. Jungk fordert die Errichtung von »Zeitwarten«; er preist die »Denkfabriken«, die in den USA entstanden, die mit Zukunftsvoraussicht befaßte Rand Corporation, das Stanford Research Institute, die futurologischen Arbeiten des Massachusetts Institute of Technology. Weniger naiv als Steinbuch, human beunruhigter, aber im letzten Grunde kaum minder gläubig, führt auch er die Methoden der Datenverarbeitung an, die er in den Dienst sowohl der technischen als auch der demokratischen Sozialutopie stellen will, um dem »Zufälligen« Ernst Blochs zu entgehen und die Enttäuschbarkeit der Hoffnung einzuschränken.
Liegt es nicht auf der Hand, daß, wo erst das Prinzip Hoffnung definitiv vom Prinzip Hybris eingeholt und aufgesogen wird, die uneingeschränkte Technizität *per se* im utopischen Entwurf die sozialen und humanen Strebungen zur *quantité négligeable* machen muß? Mit gutem Recht spricht *Zbigniew Brzezinski*, Berater am State Department Policy Planning Council, von der »*technetronic society*«, in welcher Technologie und Elektronik die Erziehung, Volksgesundheit, Arbeitsbeschaffung bestimmen beziehungsweise verwalten oder »manipulieren« werden. Die technische Utopie mag die hochachtenswertesten Anstrengungen machen, in die soziale zurückzuleiten – sie wird unweigerlich von der inneren Gesetzlichkeit ihres Ideals wieder verschluckt: der totalen Kalkulierbarkeit der Zukunft. Die sich selbst ständig unerbittlicher vorwärtspeitschende Leistungsgesellschaft, in der auch die Nicht-Leistung der Mußestunden planbar wird,

ist das falsche Paradies, das sie verspricht. In vorwissenschaftlichen Epochen war der Mensch das Maß einer rudimentären Technik und der sozialen Utopie. In der »technetronischen« Zeit setzt die Technik dem Menschen *ihr Maß*, wird die soziale Utopie verwandelt in eine pantechnische.

Klingt, was hier gesagt wird, nach der larmoyanten Klage über das Schicksal der »Seele im technischen Zeitalter«? Mag sein. Das Risiko ist einzugehen. Einschränken kann ich die Gefahr des Mißverständnisses allenfalls mit dem Hinweis darauf, daß im ersten Teil dieser Untersuchung Herbert Marcuses Satz, nach welchem die Technik »zum großen Vehikel der Verdinglichung« geworden sei, mit deutlich kritischem Unterton zitiert, in diesem Zusammenhang auch von irrationalistischen Elementen in solchem Denken gesprochen wurde. Es geht keineswegs um irgendeine naive, gefährliche, letztlich auch reaktionäre Verteufelung der Technik und des Szientismus. Vielmehr soll ein unauflösbarer Widerspruch aufgewiesen werden, den die technisch-gesellschaftliche Entwicklung im allgemeinen und das utopische Denken im besonderen enthält. Technizität und Szientismus sind prinzipiell – als Garanten der kleinen Lebensplanung, der stimmigen Vorhersage – die Voraussetzungen des menschlichen Überstehens; sie sind zudem die ersten Träger der Utopie, des sehr alten Traumes von einem besseren und würdigeren Leben. Zugleich aber scheinen sie, sobald sie ein gewisses Stadium erreicht haben, einen qualitativen Sprung zu tun: dann muß die Möglichkeit erwogen werden, daß sie sich gleichsam gegen sich selbst und gegen den Menschen kehren und schließlich die Anti-Utopie herbeiführen. Ich sage deutlich, es müsse diese Möglichkeit erwogen werden, und nicht: sie habe sich schon realisiert oder ihre Realisierung sei Gewißheit. Am Ende kann es vielleicht kommen, wie der französische Germanist und Zukunftsdenker *Pierre Bertaux* voraussagt: daß in der Tat eine *Mutation des Menschen* eintritt. Die folgenden Zeilen aus Bertaux' Schrift erhellen eindrucksvoll die geistige Grundverfassung moderner wissenschaftlich-futurologischer Utopisten:

»Es scheint, daß die menschlichen Probleme ihre Maßstäbe ändern, und wenn dies der Fall ist, ändern sich auch die Einheiten, mit denen man rechnet. Die verbindliche Einheit der westlichen Zivilisation war – zumindest im Prinzip – bislang das in seine Persönlichkeit eingekleidete Individuum. Auch hierin gab es immer schon Ausnahmen: Im Falle des Krieges oder anderer kollektiver Gefahren zum Beispiel wurde akzeptiert, empfohlen, ja von der Religion, der Moral, vom Patriotismus erzwungen, daß das Individuum seine Persönlichkeit aufgebe zugunsten der Persönlichkeit einer Gemeinschaft, deren Mitglied es ist... Wenn man die auf das Individuum bezogenen Maßstäbe, mit denen man normalerweise operiert, preisgibt, wenn man beispielsweise den Maßstab der lebenden Zelle anlegt; ist es übertrieben, dann von der ›Intelligenz‹ der weißen Blutkörperchen zu sprechen, die bei einer Verletzung der Haut heraneilen wie die Termiten-Soldaten, sobald eine Bresche im Termitenbau entsteht, um die Breschen des Schutzsystems, das unsere Haut bildet, zu reparieren und die angreifenden Mikroben zu neutralisieren?... Kann man nicht andererseits auf einer höher gelegenen Skala sagen, es gebe die ›Gruppenintelligenz‹ eines Apparates, wie das eine große Industriegesellschaft ist, eine Unilever oder General Motors oder die Besatzung eines Schiffes oder eine militärische Einheit? Eine Intelligenz also, die weder die Summe noch der Durchschnitt der Intelligenzen der integrierten menschlichen Personen ist, sondern die resultiert aus der Vereinigung dieser Personen und einem Apparat höherer Ordnung? Es scheint in der Tat, daß die derzeitige Form biologischen Werdens auf der Erde... in einem Versuch zur Konstituierung derartiger höherer Organismen besteht.«

Bertaux greift sehr weit aus: er antizipiert eine Form des Menschlichen jenseits des Menschen, versteht aber durchaus diese zu erschaffende Gestalt – hier im Sinne der Gestaltspsychologie – noch als ein, allerdings den Bruch mit der Tradition total vollziehendes humanes Phänomen. Es will mir jedoch scheinen, als sei dieser wissenschaftliche Humanismus jenseits des Menschen nicht nur Überschreitung der Tradition, sondern Preisgabe seiner selbst. Bei Bertaux, wie bei anderen radikalen Zukunftsdenkern, hat die Technizität be-

ziehungsweise die technische Effektivität den Menschen nicht erneuert, sondern absorbiert. Kein Zweifel, daß diese szientistische Utopie für Denker wie Marx, Bloch, Marcuse als die radikalste Form der Entfremdung gelten müßte.
Der Gegensatz von Sozialutopie und technischer Utopie wird uns nun in aller Schärfe offenbar: Die vom Prinzip Hoffnung getragene Sozialutopie hat eine deutliche Tendenz, technische Modelle zu vernachlässigen und sich an einer vortechnischen Welt, einer Welt ohne Geräte, zu orientieren; die das Prinzip Hybris bergende technische Utopie extrapoliert alle in der Gegenwart angelegten technischen Möglichkeiten, will die Hoffnung von der Enttäuschbarkeit befreien und richtet ihr Auge furchtlos in eine Zukunft, in welcher der Mensch Teil eines Apparates und damit selbst »Gerät« (im Sinne der Definition von Günther Anders) wird. In grober Vereinfachung der Tatbestände, die sich aber vielleicht doch der Wahrheit annähert, kann man denn sagen, daß die Gefahr der aktuellen Sozialutopie in einem irrationalistischen Chiliasmus liegt, während die Drohung in der technischen Utopie ein ins Absurde sich hinaufsteigender Super-Rationalismus ist. Übertragen in politische Kategorien erscheint dies als eine kopernikanische Wendung: Die fortschrittliche Sozialutopie bekommt im Bezug zu den technisch gegebenen Fakten einen unleugbar kulturkonservativen Charakter; die wissenschaftlich-technische Utopie, die sich insofern politisch auf der Rechten situiert, als sie aus dem von Herbert Marcuse abgelehnten »positiven Denken« ihre Kräfte zieht, nimmt sich in ihrer Gleichgültigkeit gegenüber den geisteswissenschaftlichen Traditionen revolutionär aus.

Auf der Stelle ist hier freilich eine korrigierende Selbsteinschränkung vorzunehmen. Was revolutionär ist und was konservativ, das läßt sich, sofern diese Qualifikationen nicht an bestimmten Wert- und Zielvorstellungen haften, stets erst nachträglich feststellen. Die heute politisch links angesiedelte Sozialutopie wird kulturkonservativ nur dann gewesen sein, wenn die Extrapolation der aktuellen Technizität zu Recht vollzogen und von der Entwicklung bestätigt sein wird. Daß es so kommt, ist aber noch keineswegs ausgemacht. Da wir hier von Utopien reden, ist es wohl nicht unerlaubt, sich spekulativen Träumereien zu überlassen. So denkbar nämlich wie die Termitisierung der Gesellschaft und die Entstehung »höherer Intelligenz-Organismen« in Gestalt der großen Verwaltungseinheiten von Bertaux ist auch eine ganz andere Entwicklung. Ist es durchaus imaginär, sich auszumalen, daß die szientistische Ausdehnung und Verdichtung nur ein *Stadium* in der Geschichte der Menschheit ist, ein Stadium, auf welches zwar nicht eine Um- und Rückkehr in die vortechnische Welt folgt, wohl aber ein Stillstand beziehungsweise die Übertragung der Selbsterweiterung des Menschen aus dem Felde der Technizität in ein anderes, nicht voraussehbares? Was die Wortführer der technischen Utopie stets als Argument für sich anführen: daß die zivilisierte Menschheit eben erst aus ihrer Frühgeschichte herausgetreten sei und daß darum gewisse Begriffe, wie der einer unverletzbaren menschlichen Person, nicht verabsolutiert und aus der Geschichte herausgenommen werden dürfen, läßt sich gegen sie selber kehren. Auch das Modell des immerwährenden technischen Fortschritts hat keinen Absolutheitswert. Der französische Strukturalist *Michel Foucault* sagt in seinem vielzitierten Werk »*Les mots et les choses*«, daß der Mensch nach dem klassischen Begriffsinhalt nur einen unbeträchtlichen Moment in der Entwicklung markiere. Das sei hier nicht weiter diskutiert. Es sei nur angemerkt, daß man mit gleichem Recht auch die dauernde Präsenz von Naturwissenschaft und Technik in Frage stellen darf. Das Prinzip Hybris kann grundsätzlich ebenso vergänglich sein wie das Prinzip Hoffnung.

Dieser kleine Exkurs in die bare Spekulation ist vielleicht weniger willkürlich, als es auf den ersten Blick scheinen mag. Wenn nämlich in der Erwägung eines Stops technischer und wissenschaftlicher Dynamik vielleicht ein ideologisches Moment enthalten ist, ein Keim der zugleich vor- und rückwärts gewandten Utopie einer von Konkurrenz und Leistungspeitsche befreiten menschlichen Befriedung, so ist doch auf der anderen Seite auch die szientistisch-technische Utopie, die sich rational versteht, dabei aber das Rationale mit dem *Rationellen* verwechselt, keineswegs so ideologiefrei, wie ihre Wortführer meinen. Die Extrapolation der technisch vorgegebenen Möglichkeiten ist die Fortsetzung einer positiven Wissenschaftsauffassung, die *ein* Mögliches als das *einzig*

Mögliche versteht. Sie führt den Glauben daran weiter, daß es wertfreie Erkenntnis gebe und daß es einer logisch geläuterten Wissenschaftstheorie gelungen sei oder jedenfalls auf die Dauer gelingen müsse, alles Wertende und Normative zu eliminieren. Der dialektische Einwand jedoch, daß in der freien Reflexion eine Tendenz liege, über das unmittelbare Sosein hinauszugelangen und das noch Ungewordene zu erreichen, besteht weiter. Pure Wissenschaftlichkeit kann legitim als Ideologie des Bestehenden verstanden werden, sofern man es nur vermeidet, aus einer Deutung ein Dogma zu machen. Und die Extrapolation dieses Bestehenden in den näheren und ferneren Zukunftsraum wird dann vollends als ideologisch am Gegebenen haftende, dieses nicht mehr transzendierende Attitüde erkannt.

Damit rücken aber die Dinge wieder in ihr rechtes Licht und die Einschränkung gegenüber der These, daß die szientistische Utopie revolutionär sei, die soziale konservativ, wird zur klaren Korrektur. Wenn die technisch-szientistische Utopie Elemente einer Ideologie des Bestehenden in sich trägt – und daß dies der Fall ist, kann ernsthaft kaum angezweifelt werden –, ist sie in letzter Analyse doch wieder konservativ; und ihr gegenüber erscheint die im Prinzip Hoffnung gründende Sozialutopie im neuen Lichte als revolutionär. Rechts ist wieder rechts, links wieder links, um es in politischer Terminologie zu sagen. Die Welt der politischen Fakten präsentiert sich in der Tat auch ganz in diesem Sinne: Die wissenschaftliche Futurologie, modernste und präziseste Methodik technisch-utopistischen Denkens, die in den von Robert Jungk so genannten »Denkfabriken« der USA ihre Heimstätten hat, steht politisch und ideologisch im Dienste der bestehenden Sozialordnung; es ist keine Koinzidenz, daß alle diese Intelligenz-Manufakturen entweder von den Regierungen oder von großen Unternehmen subventioniert werden. Die Sozialutopie lebt unter weniger opulenten Umständen: sie haust, ohne Computer, ohne quantitativ-soziologische Apparate und Statistiker-Teams, in den Arbeitszimmern von ein paar Denkern, in Studentenzirkeln, allenfalls in einigen eher begriffskritisch-abstrakt als mit Faktenmaterial operierenden universitären Instituten.

Abschließend noch ein Wort zu dem Faktum, von dem schon im Vorübergehen die Rede war: die Sozialutopie, das »Reich des Menschen auf Erden«, die Utopie der befriedeten Gesellschaft, ist heute inhaltlich so gut wie leer. Da es ganz offensichtlich nicht mehr möglich ist, sie noch an den Realisationen des praktischen Sozialismus zu orientieren; da vor allem die Sowjetunion keine brauchbare Imago einer sozialistischen Heilsgesellschaft abgibt und kein Mensch guten Glaubens mehr singen kann, was westeuropäische Kommunisten einst sangen: »... denn es gibt kein anderes Land auf Erden, wo so frei das Herz dem Menschen schlägt«; da sich die großen Sozialutopisten unserer Zeit, von Jean-Paul Satre bis Herbert Marcuse, darauf verwiesen sehen, nach der revolutionären Undeutlichkeit der Dritten Welt zu blicken oder nach Randgruppen der Industriegesellschaft – da dies so ist, entfernt sich die Sozialutopie von dem ihr eigentlichen Terrain, beschränkt sich auf Kritik des Bestehenden, auf Negation und Kontestation. Das um sie besorgte Denken wird zu einem dialektisch-formalen, während die inhaltlich präzise Utopie, die sich gerade infolge dieser Präzision und inhaltlicher Gebundenheit gar nicht mehr als Utopie versteht, der Technizität anheimfällt – auch wenn sie um die Lösung sozialer Zukunftsprobleme bemüht und, in vielen ihrer Träger, von einem authentischen humanen Willen inspiriert ist. Wenn ich ein Wort Kants auf diese Situation anwenden darf: Die Sozialutopie, Begriff ohne Anschauung, ist leer; die technische Utopie, der es an anschaulichen Modellen nicht gebricht, wohl aber an dem begrifflichen Fundament, das ihr den geschichtlichen Sinn gibt, ist blind. Die Rationalität der technischen Utopie, die das Rationale ins Rationelle konvertiert hat, wird schließlich in dialektischer Selbstaufhebung zum Irrationalen hingetrieben, so daß zwei Irrationalismen, der eine aus dem Prinzip Hybris, der andere aus dem Prinzip Hoffnung hervorgegangen, in gleicher Hilflosigkeit nebeneinanderstehen.

Soll dies heißen, daß wir uns in einer Krise der Utopie befinden? Gewiß. Meint es aber dazu, daß wir am Ende der Utopie angelangt seien? Ebenso gewiß *nicht*. Beide Formen der Utopien, wie ich sie hier auseinander und gegeneinander zu halten suchte, die hybrische und die hoffnungsgetragene, die soziale und die technisch-wissenschaftliche, sind jede ein

Konstituens der menschlichen Existenz. Es ist unmöglich, zu leben ohne Hoffnung; und niemand kann existieren, ohne die Zukunft kalkulierend meistern zu wollen. Beide Versuche, das Morgen zu ergreifen, werden immer wieder vor der Wirklichkeit zuschanden: Die Hoffnung ist nicht nur enttäuschbar, sondern wird stets von neuem tatsächlich enttäuscht; die Kalkulationen erwiesen sich wieder und wieder als Fehlrechnungen, wie die Pentagon-Vorhersage über den Verlauf des Vietnamkrieges. Die Utopie wird dennoch weiter bestehen bleiben – mit den ihr inhärenten Kontradiktionen, mit ihrer Gewalt und Gefahr. Das Risiko der Utopie, des Prinzips Hoffnung wie des Prinzips Hybris, ist Teil der Ambiguität menschlicher Grundverfassung.

Respondez

Respondez! Respondez!
Der Krieg ist beendet – der Preis ist bezahlt – der Anspruch ist klar – unwiderruflich.
Jeder soll antworten! Wer schläft, soll erwachen! Laßt niemand entkommen!
Soll es denn weiter so gehen mit unsrer Geziertheit, mit unsrem Geschleiche?
Laßt mich dem bereiten ein End – ich verkünde ganz offen, daß neu man die Rollen verteilt.
Was vorne stand, soll hinten nun stehn! Was hinten sich hielt, soll vorrücken nun und sprechen.
Mörder und Frömmler, Narren und unsaubre Menschen sollen nun Vorschläge machen!
Die alten Vorschläge sollen zurückgestellt werden!
Gesichter und Theorien sollen ihr Innerstes kehren nach außen!
Laßt Meinungen offen verbrecherisch sein, wie auch, was sich aus ihnen ergibt.
Laßt keinen Vorschlag gelten vor dem der Plackerei!
Laßt niemanden gehen den Weg, der vom Geschick ihm bestimmt! (Sag, weißt du, was dir vom Schicksal bestimmt?)
Laßt Männer und Frauen verhöhnt werden ob ihrer Leiber, verhöhnt werden ob ihrer Seelen!
Laßt die Liebe warten, die in ihnen wartet! Laßt sie sterben oder totgeboren eingehen in andere Sphären!
Laßt warten die Sympathie, die in jedermann wartet, oder lasset auch sie, den Zwergen, eingehn in andere Sphären!
Laßt Widersprüche herrschen! Laßt eins widersprechen dem andern!
Laßt die eine Zeile meines Lieds widersprechen der andern,
Laßt die Menschen kriechen mit verlangenden, ziellosen Händen!
Laßt ihre Zungen sich brechen, laßt mutlos werden die Augen!

Laßt niemanden hinabsteigen in ihre Herzen mit der frischen Süße der Liebe!
Erstickt seid ihr, o Tage, o Länder, in der Verderbnis aller und jedes,
Erstickt in Dieberei, in Unvermögen, Schamlosigkeit, die bergehoch.
Wilde Frechheit und übles Planen rollen um euch und über mich hin, o meine Tage, o meine Heimat!
Denn nicht einmal jene Gewitter, nicht wildeste Blitze des Krieges haben die Atmosphäre gereinigt.
Laßt die Theorie Amerika noch sein Kunstgriff, Kaste, Vergleich! (Sagt, welch andere Theorie möchtet ihr haben?)
Laßt die, die mißtrauen Tod und Geburt, die anderen führen! (Sagt, warum sollten sie euch denn nicht führen?)
Laßt die Kruste der Hölle sich nähern, damit man über sie schreitet,
Laßt Tage dunkler werden als Nächte! Laßt Schlummer weniger Schlummer bringen, als Wachzeit ihn bringt!
Lasset die Welt nie erscheinen ihm oder ihr, für die sie wurde geschaffen!
Laßt das Herz des jungen Menschen sich verbannen vom Herzen des alten! Laßt das Herz des alten Menschen verbannt sein von dem des jungen!
Laßt Sonne und Mond ihre Bahn ziehn! Laßt die Bühne hinnehmen der Zuschauer Beifall! Laßt Apathie herrschen unter den Sternen!
Laßt Freiheit sich erweisen als niemandes unveräußerlich Recht! Wer Tyrann sein kann, laßt Tyrannen ihn sein nach der Lust seines Herzens!
Laßt nur die Ungläubigen Unterstützung finden!
Laßt nur die höchste Niedrigkeit, Verrat, Sarkasmus, Haß und Gier, Gemeinheit, Unvermögen, böse Lust – laßt alles dieses wertvoll sein vor allem andern! Laßt Dichter, Richter, laßt Regierungen und Haushalt, laßt Religion und Philosophie, dies alles wertvoll sein vor allem andern!
Laßt schlechteste Männer Kinder zeugen mit schlechtesten Weibern!
Laßt den Priester die Unsterblichkeit kurz abtun!
Laßt den Tod seine Herrschaft beginnen!
Laßt nichts übrig als die Asche von Lehrern, Künstlern,

Moralisten, Anwälten und gelehrten und höflichen Menschen!
Laßt den, der ohne meine Lieder ist, ermordet werden!
Laßt die Kuh, das Pferd, das Kamel, die Gartenbiene – laßt den Schlammfisch, den Hummer, die Muschel, den Aal, den Stachelrochen und den grunzenden Schweinsfisch, laßt sie alle und was ihresgleichen auf die gleiche Stufe gestellt werden mit dem Mann und dem Weib!
Laßt die Kirchen beherbergen Schlangen, Ungeziefer und die Leichen derer, die an gemeinster Krankheit gestorben!
Laßt die Ehe hinuntergleiten unter die Narren, laßt nur für diese sie sein bestimmt!
Laßt die Männer untereinander nur immer gemein denken und sprechen über die Frauen!
Und laßt die Frauen das gleiche tun von den Männern!
Laßt uns alle, ohn jede Ausnahme, in der Öffentlichkeit, in jedem Monat, nackt ausgestellt werden – und sollt es das Leben uns kosten!
Laßt unsere Leiber betastet werden und untersucht von jedem, der mag!
Laßt nichts als Abklatsch sein in der Welt!
Laßt die Erde Gott fliehen, laßt nie den Namen Gottes fürder im Mund eines Menschen sein!
Laßt keinen Gott mehr leben!
Laßt aber sein Geld, Geschäft, Einfuhr und Ausfuhr, Zoll, Behörde, Präzedenzfälle, Blässe, Dispepsie, Zote, Unwissenheit, Unglauben!
Laßt Richter und Verbrecher die Rollen vertauschen! Laßt die Wärter ins Gefängnis sperren! Laßt die, die Gefangene waren, die Schlüssel verwahren! Sagt, warum sollte man hier nicht auch mal die Rollen vertauschen?
Laßt die Sklaven werden zu Herren! Laßt die Herren werden zu Sklaven!
Laßt die Professoren herabsteigen von den Kathedern, wo für immer sie brüllen!
Laßt einen Idioten oder einen, der geistig krank, auf dem Katheder erscheinen!
Laßt den Asiaten, den Afrikaner, den Europäer, den Amerikaner und den Australier bewaffnet ziehen gegen die mörderische Heimlichkeit eines jeden! Laßt sie schlafen in Waffen! Laßt niemanden glauben an guten Willen!

Laßt keine alte Weisheit fürder gelten! Laßt sie verachtet werden und verspottet von der Erde!

Laßt eine wandernde Wolke am Himmel – laßt eine Woge der See – laßt wachsende Minze, Spinat, Zwiebeln, Tomaten – laßt alle sie ausgestellt werden in einer Schau – wenn einen hohen Preis sie bezahlen!

Laßt alle Menschen dieser Staaten beiseite stehn um einiger Schmarotzer willen!

Laßt die wenigen nehmen, was sie begehren! Die anderen laßt Tölpel sei, laßt sie kichern, hungern und parieren!

Laßt Schatten versehen sein mit Zeugungsorganen! Laßt dem, das ein Wesen hat, sie aber fehlen!

Laßt reiche und riesengroße Städte sein – doch in keiner von ihnen auch nur einen Dichter, einen Heiland, einen Wissenden und einen, der liebt!

Laßt die Ungläubigen dieser Staaten allen Glauben hinweglachen!

Wird einer gefunden, der noch voller Glauben, dann lasset die anderen sich auf ihn stürzen!

Laßt sie den Glauben erschrecken! Laßt sie zerstören gebärende Glaubenskraft!

Laßt weise sein die Hur und ihren Gefährten! Laßt sie weitertanzen, solange der Schein noch dauert. (O Schein! Schein! Schein!)

Laßt die Priester Bekenntnisse sprechen! Laßt sie nur lehren, was früher man sie gelehrt!

Laßt Wahnsinn wachen über Sinn!

Laßt Bücher die Stelle einnehmen von Bäumen, Tieren, Flüssen und Wolken!

Laßt die geschmierten Bilder von Helden die Helden verdrängen!

Laßt das Mannsein des Mannes sich niemals sehnen nach sich!

Laßt es sich sehnen nach eklen Eunuchen, nach schwindsüchtigen, kraftlosen Menschen!

Laßt den Weißen wieder treten den Schwarzen unter die Füße! (Sagt! Wer wird denn schließlich unter die Füße getreten?)

Laßt die Bilder der Dinge der Welt in Spiegeln werden studiert!

Laßt aber die Dinge selbst auch fürder nicht werden studiert!
Laßt den Mann Freude suchen allüberall, nur nicht in sich selbst!
Laßt das Weib Glück suchen allüberall, nur nicht in sich selbst! (Welch wirkliches Glück hast du denn genossen eine einzige Stunde in deinem Leben?)
Laßt die begrenzten Jahre des Lebens nichts tun für die grenzenlosen Jahre des Todes! (Was, glaubst du, wird der Tod dann wohl tun?)

(1867)

Ich sitze da und schaue

Ich sitze da und schaue auf die Sorgen aller Welt, auf alle Unterdrückung, alle Schmach.
Ich höre junge Männer in tiefer Angst um sich, voll Reue über das, was sie getan, in aller Heimlichkeit tief seufzen.
Ich seh, wie im gemeinen Leben selbst die Mutter, von ihren Kindern mißbraucht, stirbt, vernachlässigt, hager und verzweifelt.
Ich seh die Frau mißbraucht von ihrem Mann, ich sehe den, der junge Frau'n verräterisch verführt.
Ich seh, wie man sich müht, der Eifersucht giftige Schwären und unerwiderte Lieb zu verbergen, und manchen andern Anblick noch die Erd mir bietet.
Ich sehe Krieg und Pestilenz und Tyrannei an ihrer Arbeit, ich sehe Märtyrer und auch Gefangene.
Ich sehe Hungersnot auf hoher See, ich sehe die Matrosen losen, wer nun sein Leben opfern soll, die anderen zu retten.
Ich sehe, wie Anmaßung und Verachtung voll Hochmut niederschaun auf den, der schwer sich müht, auf den, der arm, auf Neger und dergleichen.
Ich sitze da und schau auf alle Niedrigkeit und allen Todeskampf, der endlos scheint.
Das alles sehe ich und höre ich ... und schweige.

CÉSAR VALLEJO

Schwarzer Stein auf weißem Stein

Ich werde sterben in Paris, mit Wolkenbrüchen,
schon heut erinnre ich mich jenes Tages.
Ich werde sterben in Paris, warum auch nicht,
an einem Donnerstag vielleicht, wie heut, im Herbst.

Ein Donnerstag wird sein; denn heut, am Donnerstag,
da ich dies sage, tun mir meine Knochen weh;
noch nie wie heute hab ich mich allein
und meinen Weg erblickt von unserm Ende her.

Tot ist César Vallejo. Eingeschlagen
habt ihr auf ihn. Er hat euch nichts getan.
Mit einem Stock gabt ihr ihm Saures, Saures

mit einem Tau. Die Donnerstage
sind seine Zeugen, Zeugen seine Knochen,
der Regen, die Verlassenheit, die Straßen...

Zahltag für die Gebeine

Es wurde mit lauter Stimme verlangt:
Daß er seine zwei Hände vorzeige, beide auf einmal.
Und das war nicht möglich.
Daß man ihm, während er weint, das Maß seiner Schritte nehme.
Und das war nicht möglich.
Daß er ein und denselben Gedanken denke in der Zeit, in der eine Null eine Null bleibt.
Und das war nicht möglich.
Daß er eine Tollheit begehe.
Und das war nicht möglich.
Daß zwischen ihm und einem andern seinesgleichen sich eine Menge von seinesgleichen einfinde.
Und das war nicht möglich.
Daß er verglichen werde mit sich selbst.
Und das war nicht möglich.
Daß man ihn, endlich, bei seinem Namen riefe.
Und das war nicht möglich.

Die Spinne

Es ist eine riesige Spinne, die nicht vom Fleck kommt,
eine farblose Spinne: Ihr Körper, Kopf
und Hinterleib und sonst nichts, ist voll Blut.

Heute hab ich sie aus der Nähe betrachtet.
Wie hat sie gesucht, mit welcher Mühe
die zahllosen Beine nach allen Seiten gespreizt!
Und ich habe ihrer unsichtbaren Augen gedacht,
der verhängnisvollen Lotsen der Spinne.

Es ist eine Spinne, zitternd,
erstarrt auf steinerner Schneide,
den Hinterleib auf der einen,
auf der andern Seite den Kopf.

Soviel Beine! Und doch hängt sie elend,
benommen im Augenblick der Gefahr,
unschlüssig. Wie hat mich
der Anblick dieser Wegfahrerin heimgesucht!

Es ist eine riesige Spinne, ihr Hinterleib
ist ihr im Weg, sie kann ihrem Kopf nicht folgen.

Und ich habe ihrer Augen gedacht,
der Vielzahl ihrer hilflosen Beine...
Wie hat sie mich heimgesucht, diese Wegfahrerin!

Der gefährlichste Augenblick des Lebens

Ein Mann sprach:
Der gefährlichste Augenblick meines Lebens kam in der Marneschlacht, als mich eine Kugel in die Brust traf.

Ein anderer Mann sprach:
Der gefährlichste Augenblick meines Lebens kam bei einer Springflut in Yokohama, der ich wie durch ein Wunder, unterm Vordach eines Lackwarenladens, entronnen bin.

Und ein anderer Mann sprach:
Der gefährlichste Augenblick meines Lebens kommt, wenn ich untertags schlafe.

Und ein anderer sprach:
Der gefährlichste Augenblick meines Lebens ist gekommen, als ich am einsamsten war.

Und ein anderer sprach:
Der gefährlichste Augenblick meines Lebens kam, als ich in Perú im Gefängnis saß.

Und ein anderer sprach:
Der gefährlichste Augenblick meines Lebens ist, daß ich meinen Vater im Profil überrascht habe.

Und der letzte Mann sprach:
Der gefährlichste Augenblick meines Lebens ist noch nicht gekommen.

ERWIN CHARGAFF

Goethe oder Die gefolterte Natur

Daß einer der größten Dichter der Weltgeschichte sich zeit seines Lebens auch als Naturforscher betrachtet hat, ist wohlbekannt. Und ebenso bekannt ist das Fiasko, das er angeblich mit seiner »Farbenlehre« erlitten hat: Generationen von Studenten sind eingeladen worden, den bedauernswerten Fall des großen Mannes zu begrinsen. *»Nature, and Nature's Laws lay hid in night./God said, Let Newton be! and All was Light.«*

Dabei ist dieser Zusammenstoß zwischen physikalischer Abstraktion und menschlicher Beobachtung nicht leicht zu ergründen, da zwei völlig inkommensurable Formen der Naturbetrachtung im Spiele sind. Jedenfalls hat Goethe schwer an der fast allgemeinen Ablehnung getragen, die seinen Bemühungen zuteil wurde. Er wollte es nicht hinnehmen, daß es nur eine einzige approbierte Form der Naturbefragung, die man die analytisch-quantitative nennen könnte, geben solle. Niederschläge dieser Befremdung finden sich an vielen Orten.

So lautet ein Ausspruch aus den *Maximen und Reflexionen* (Nr. 115): »Die Natur verstummt auf der Folter; ihre treue Antwort auf redliche Frage ist: Ja! ja! Nein! nein! Alles übrige ist vom Übel.«

Dies ist noch immer eine gute Maxime in der Naturforschung; nur muß man darüber ins reine kommen, was das heißt: die Natur foltern. Ist zum Beispiel die Zerlegung des Lichtes durch ein Prisma eine Folterung der Natur? Goethe hätte Ja gesagt. Aber es kommt nicht nur auf die Experimente an, sondern auch darauf, was man mit den Resultaten anfängt. Wenn man innerhalb der Grenzen dessen bleibt, was die Ergebnisse wirklich gezeigt haben, also bei dem »Ja! ja! Nein! nein!«, so hat man sich keiner Übertretung der von Goethe geforderten Redlichkeit schuldig gemacht. Aber ich habe schon früher von den Kompetenzüberschreitungen als schweren Sünden unserer heutigen Naturwissenschaften ge-

sprochen. Es ist möglich, daß eine gewisse Art von unbefugtem Grenzübertritt immer zur Naturforschung gehört hat; aber wo alles klein ist, sind auch die Sünden klein. Die philosophischen Flurhüter waren den experimentellen Marodeuren gewachsen.
Jetzt stehen wir einer völlig anderen Situation gegenüber. Die Naturwissenschaften sind groß und fett und mächtig geworden. Ihre Macht, könnte man sagen, beruht auf der fortdauernden Folterung der Natur. Die Atomspaltung, die Mondlandung, die abscheulichen genetischen Experimente: so viel Tränen haben die Dinge nicht, wie sie jetzt weinen müßten. Das große Erbe der griechischen Weisheit, das Maßhalten, ist uns verlorengegangen. Ratlos und haltlos werden wir von gewaltigen Winden getrieben, von denen wir nicht wissen, woher sie kommen, noch wohin sie fegen. Zufall oder Notwendigkeit? Aber diese ist ein Zwang geworden und jener eine Laune.
Goethe mißtraute der Mathematisierung der Natur, er vertraute auf seine »sonnenhaften« Augen. In mancher Beziehung war er ein in die moderne Zeit verirrter spätgriechischer Naturforscher. Obwohl er vielleicht verkannte, daß es durchaus legitime wissenschaftliche Anwendungsgebiete der Mathematik gibt – auch wurde das herrliche Gebäude der organischen Chemie erst nach seiner Zeit errichtet –, hatte er doch das richtige Gefühl. Denn die gefolterte Natur ist nicht nur verstummt, wir haben ihr die Zunge ausgerissen. Der einzelne ist machtlos, er wird von der Riesenwelle mitgerissen. Auch im Lande der Lüge wohnen lauter ehrliche Leute.

KURT TUCHOLSKY

Über Naturauffassung

Ein Mann der Pyrenäen aus Luz, sagt zu einem Freund: »Sehen Sie – hier hat sich alles verändert! Die Sache ist hier ruiniert, es ist aus! Seit man vor zweiundvierzig Jahren die großen Landstraßen ins Gebirge gelegt hat...« Der Satz, im Jahre 1788 gesprochen, ist alt wie die Welt. Der Mann beklagte, was Henri Béraldi in seinem Werk »Hundert Jahre in den Pyrenäen«: »La Vulgarisation« nennt – und dies Lamento reißt nicht ab. Seit den Eisenbahnen ... Seit der Erfindung des Autos ... jede Generation glaubt, nun sei es mit der Gemütlichkeit und mit der Naturbewunderung für alle Mal vorbei.
Das macht, sie fühlt den endlosen Wechsel, in dem die jungen Leute die Natur anders sehen als ihre Väter, und die tun nun so, als verständen die Jungen von der Welt überhaupt nichts mehr. »Da bin ich seinerzeit gewesen, als es noch keine Zahnradbahn gab...« Na und –? Dann hast du eben einen andern Eindruck gehabt als wir – keinen bessern.
Man kann wohl nicht aus seiner Zeit heraushüpfen, und so sind denn die Menschen meisthin felsenfest davon überzeugt, daß man die Natur immer so angesehen habe, wie sie es tun, daß man sie auch gar nicht anders ansehen könne, und daß der ein verstockter Tropf oder Modegeck sei, der es auf eine andre Art versuche. Die Erde hält gutwillig still, wenn die Reisenden über sie dahinklettern, und es ist ihr gleichgültig, wie man sie anschaut. Schilderungen sind nur für den Schilderer charakteristisch.

Wie lange ist es her, daß den Menschen die Augen für die Schönheit des Meeres aufgegangen sind –? Wie lange werden sie das Meer noch so ansingen –?
Die Liebe zu den Bergen ist jedenfalls noch gar nicht alt.
Die Griechen waren Leute, die die Ebene brauchten und das Gebirge mieden – eine ästhetische Wertschätzung der Berge

findet sich bei ihnen nicht. Die Lateiner liebten das Gebirge kaum – aber sie besiegten es, weil sie es besiegen mußten. Das junge Christentum hat seine Einsiedler in die Berge geschickt, und die Berge, das war: Einsamkeit, Stille, etwas Negatives. Schüchtern näherte sich der Pilger der wundertätigen Quelle im Gebirge – die Berge ringsherum waren ihm nicht freundlich gesinnt, sie drohten. Er betete gegen sie.

In der Renaissance wurde das Gebirge entdeckt: Die Schweizer, berggewohnt, im Gebirge geboren, erzogen, gealtert, begannen die seltsame Mär in die Welt zu setzen, daß Berge schön seien. Conrad Gesner (nicht Salomon, der Idylliker) stand erst ganz allein auf den Bergkuppen und rief die andern herbei, die wohl oft ein Gebirge durchquert, es aber niemals angesehen hatten, wie man eine Statue ansieht. Das sechzehnte Jahrhundert rühmte die hohen Berge und liebte sie zum mindesten platonisch. Das siebzehnte durchaus nicht. Der sauber gezirkelte Naturgeschmack, der die Natur rational zu überwinden trachtete, der die Bäume in Formen preßte und den Erdboden in ein künstliches System, jener Geschmack, der dem Wilden abhold war, verachtete das Gebirge. »Das ist etwas für Bergbewohner!«: äußerste Kritik. Die Berge störten das geregelte Landschaftsbild der Ebene, die man so schön aufteilen konnte – über die Höhen und Felsen fiel die Literatur fast einstimmig her. Die reichen Leute ließen sich ihre Schlösser da anlegen, wo die Mode die schönsten Plätze fixierte: also in der Ebene, im langweiligsten Plattland, nur nicht im Hochland. Aus dem Garten konnte man etwas »machen«, die Berge ließen sich das nicht gefallen. Und es war doch der Mensch, der die Natur zu beherrschen hatte! »Von der gesunden Luft zu Rostock«, heißt eine Dissertation, die noch aus diesen Anschauungen heraus im Jahre 1705 gedruckt worden ist, und es war durchaus kein Konkurrenzneid, wenn es dort von der Gebirgsluft in der Schweiz und in Tirol hieß, sie mache die Menschen schwachsinnig. Die Berge ... das war eine grobe Sache, pfui. Sie fügten sich in kein ästhetisches System ein, unübersichtlich und frech lagen sie da, roh, unbehauen – da war keine Klarheit und keine Vernunft. Das Achtzehnte machte alles wieder gut.

Seitdem sind viele Theorien des Schönen über das Gebirge gegangen; hier sind schon so viel Melodien gesungen worden, aber Bewunderung war doch immer der Unterton. Das

Romantische, das Malerische, das Sentimentale, das Heroische, das Idyllische – so viel Bilder, so viel Hymnen, so viel Beschreibungen, so viel Verzückte.
Und nun stellt sich vor diese Dekoration, deren Soffitten man so oft ausgewechselt hat, ein Kerl mit einem kräftigen Stock, mit benagelten Stiefeln, mit wolligem Sweater – und treibt Sport! und das ist etwas ganz Neues. Mühen um ihrer selbst willen zu unternehmen; heraufzuklettern, nicht, um oben ein Liedchen zu singen, sondern nur und lediglich, um zu klettern; Kampf, Niederlage, Wiederanstrengung und Sieg –: das ist das neunzehnte Jahrhundert. Die Zeit der Ideen für die Wandrer scheint bis auf weiteres vorüber – es ist die Zeit der Tat.
Weil aber trotzdem der Wandervogel im Rucksack gern den gesamten Kosmos mit sich trägt, ist es vielleicht nicht unbescheiden, daran zu erinnern, daß auch der Wandrer nicht verpflichtet ist, so und nicht anders zu fühlen, wenn er eine sanfte, von der Sonne beschienene Böschung sieht. Da ist vor allem jener fatale Gegensatz von Automann und Fußwandrer. Einer lacht den andern aus, und sie sagen sich gegenseitig nach, daß man »so« natürlich nichts von einem Lande habe. Ich glaube: beide haben Unrecht. Es ist da etwas wie eine Breite der Bewegung in die Reisen gekommen, und das geht auf Kosten der alten Intensität – schafft aber ein völlig neues Lebensgefühl. Ich habe das einmal vor Bourg-Madame, an der spanischen Grenze, zu spüren bekommen: das eine Mal polterte ein Überlandauto mit mir die große Straße herunter, und das zweite Mal bin ich gegangen. Es waren zwei Alleen.
Die grünen Blätter, die einem entgegengeweht kommen, streifende Zweige, das unermüdliche Brummen des Wagens, der Takt des Motors, der Blick, der schon aus Langerweile weit in die Landschaft hineinsieht, den Horizont absucht, und die Felder, die sich fächerartig vorbeidrehen, – keine Einzelheiten! viel, wenn möglich alles –: das ist das eine. Und die Erde unter den Füßen fühlen, ein Steinchen mit der Fußspitze beiseite schleudern, ein Blatt im Gehen abreißen, stehenbleiben und sehen, was denn da im Bach herumkreiselt, aus dem Bach trinken, an die Häuser herangehen und sie mit den Händen befassen: kennst du diesen Stein? – nicht so sehr die Weite kontrollieren, als genau die kleine Umwelt –: das ist das andere. Müßt ihr immer Vereine bilden –?

Natürlich sieht der Fußwandrer quantitativ weniger. »Die Landschaft im Auto – das ist das, was man sieht, wenn man den Wagen aus dringlichen Gründen halten läßt.« Nun, dies Wort wäre auch sehr hübsch, wenn's wahr wäre. (Da haben sie einmal einen Berliner Generaldirektor vom Film photographiert, durch zwei Büsche hindurch, grade, als er das Auto aus diesen Gründen hatte halten lassen. Ich habe das Bildchen gesehen, und es ist eines der schönsten menschlichen Dokumente, das sich denken läßt. Endlich, endlich einmal die Photographie eines, der mit sich allein ist! Die Ansicht ist durchaus dezent – das war Zufall – der Generaldirektor saß im Grünen wie ein Osterhase und machte so ein Gesicht ... »Ich freue mich, daß ich hier sitze, und übrigens ist es ein gedeihliches Werk.«) Aber ich denke: man sieht doch vom Auto mehr als nur dies.

Die Poesie des Wanderns ...! Vielleicht kommt es eines Tages dazu, daß die nachtdunkeln Felder, Wälder, Berge und Täler von Zentralflammen beleuchtet sind, daß man in ihnen sich bewegt wie auf dem Broadway, und daß kein Mensch mehr auf den Gedanken verfällt, darin zu wandern – so wie man ja auch in einer großen Stadt und auf den Chausseen nicht gern marschiert. Wozu auch? Die Fahrt ist nicht nur bequemer, sondern gibt erst den wahren Reiz der künstlichen Landschaft.

Was nun die schwellenden Schilderungen der Sonnenuntergänge betrifft, der Wassersturzbäche und des Felsengerölls, so habe ich immer das Empfinden, als langweilte man sich dabei rechtens zu Tode. Ich wenigstens überschlage solche Absätze in einem Buch stets, und es muß wohl schon ein sehr großer Stilist sein – wie etwa Stifter –, der eine Landschaft nicht abmalt, sondern neu schafft. Heute, aus unsrer Autozeit heraus ... Dreiviertel aller Naturbeschreibungen sind auf Vergleichen aufgebaut, und ich habe es wirklich satt, zu hören, daß die Mondscheibe wie eine ... und der feine Sprühregen wie ein ... anzusehen war. Vergleiche sind meistens Ausflüchte, und für den, der nicht dabei war, sagt das Ganze sowieso nicht viel. Dazu kommt noch ein andres.

Welcher Reisende hat denn den Mut zu sagen, was ja so oft die Wahrheit ist: daß die Landschaft *leer* war, leer wie eine aufgemalte einfarbige Fläche –!

Man sagte ihm Empfindungslosigkeit nach, befürchtet er,

Stumpfheit, Mangel an Poesie, an Gefühl, an Frömmigkeit, was weiß ich. Aber es war doch so.
Sieht man von Spezialanschauungen ab: von dem geübten Blick eines Ski-Fahrers, der keine Natur, sondern Gelände sieht, vom harten Auge des Bauern, der keine Natur, sondern Nutzland sieht, vom MG-Schützen, der keine Natur, sondern Schußfeld sieht – es ist ja in den allermeisten Fällen nicht wahr, daß der Reisende, frisch aus der Eisenbahn, mehr zustande bringt als eine Dreiminutenverzückung, die etwa auf demselben Niveau liegt wie die bunten Glasscheiben, die man auf altmodischen Aussichtstürmen antrifft, und die dem Abgestumpften die Natur wenigstens einigermaßen erträglich machen sollen. »Die Natur ist niemals leer.« Sie haben noch eine Linse im Bart, Herr. Wer dreißig Jahre Asphalt tritt, wer in Steinmauern aufwächst und fast das ganze Jahr nichts andres sieht, für wen es keine Dämmerung gibt, sondern nur dunkel wird, wer nicht angeben kann, was am vorigen Montag für Wetter war – für den ist die Natur nicht leicht zu erobern. Wenn er sich nichts vormacht, bedeutet sie: gute Luft, Ruhe, Ausspannung – keine Großstadt. Lade das große Publikum, und besonders seine Beauftragten, die Literatur-Lieferanten, um zwei Uhr aus dem Auto –: und um dreivierteldrei hast du einen Hymnus am Busen der Natur, daß dir angst und bange wird. Wir wollen ehrlich sein –: wir haben uns schon oft im Freien gelangweilt.
Und daher kann ich auch nicht solche Beschreibungen von den Pyrenäen geben, in denen es nur so braust von ungewöhnlichen Adjektiven – denn ich habe das nicht empfunden. Die Höhepunkte lagen auf dieser Reise, wie bei allen Menschen, die unter denselben Lebensbedingungen aufgewachsen sind wie ich, sehr oft in kleinen Nebenumständen, im Wohlbefinden an einem sonnenbeglänzten Nachmittag, in dem Geschrei von Gänsen, das sich anhört, wie wenn sie sich selbst ironisch nachahmten, in dem Drum und Dran von ländlicher Arbeit, die ich nicht mitzutun gezwungen war, deren Anblick mir also für die erste Zeit Vergnügen bereitete, in der Freude, in den Bergen zu sein, wo keine Elektrischen fahren, keine Zeitungsausrufer brüllen, keine Schutzleute stehn. Und manchmal – drei, vier, fünf Mal –: mehr.
Sind die Amerikaner nicht ehrlicher –? Ihre Stumpfheit, die mich genau so reizt wie jeden andern Europäer – – Aber sie

heucheln wenigstens keine innre Anteilnahme. Sie stören ein bißchen, genau wie die Engländer, die wie ein albernes Reklameschild die Landschaft verschandeln. Vor hundert Jahren hat sich George Sand über sie gegiftet und gefragt: »Wozu reisen diese Leute eigentlich –?« Das ist ihre Sache.

Es gibt keine richtige Art, die Natur zu sehen. Es gibt hundert. Es gibt für einen Menschen keine richtige Art zu reisen – es gibt manche, die ihm adäquater sind als andere. Das ist alles.

Wind, der ins Gesicht schlägt, Rausch der Schnelligkeit, die Hupe, die die Straße zerteilt, durch einen Wagenpark hindurchschießen – auch dies ist Reisen.

Auf einem Esel sitzen, Stufe für Stufe einen Berg heraufwakkeln, das nasse Fell des Tiers mitleidsvoll von oben ansehn (aber nicht absteigen), Blumen am Wege betrachten und zwei Ohren, die sich ab und zu hochstellen und nach hinten legen, wenn etwas Außergewöhnliches herankommt, langsam die Gegend passieren, ohne sich anzustrengen –: auch dies ist Reisen.

Wandern, sich abmühen, klettern, rutschen, klimmen, herausholen, was in einem Körper drinsteckt –: auch dies ist Reisen.

»Jeder versteht nur seine eigene Poesie.« Jede Zeit versteht nur ihre eigene Naturauffassung. Der ist reich, der viele hat.

Heimat

> »Aber einen Trost hast du immer, eine Zuflucht, ein Wegschweifen. Selbst auf Umgebungsflachheiten stehen Bäume, Wasseraugen schimmern dich an, Horizonte sind weit, und auch durch düstere Verhängung kommt noch Feldatem.«
>
> *Alfons Goldschmidt, »Deutschland heute«*

Nun haben wir auf 225 Seiten Nein gesagt, Nein aus Mitleid und Nein aus Liebe, Nein aus Haß und Nein aus Leidenschaft – und nun wollen wir auch einmal Ja sagen. Ja –: zu der Landschaft und zu dem Land Deutschland.

Dem Land, in dem wir geboren sind und dessen Sprache wir sprechen.

Der Staat schere sich fort, wenn wir unsere *Heimat* lieben. Warum grade sie – warum nicht eins von den andern Ländern –? Es gibt so schöne.

Ja, aber unser Herz spricht dort nicht. Und wenn es spricht, dann in einer andern Sprache. – Wir sagen »Sie« zum Boden; wir bewundern ihn, wir schätzen ihn – aber es ist nicht das.

Es besteht kein Grund, vor jedem Fleck Deutschlands in die Knie zu sinken und zu lügen: wie schön! Aber es ist da etwas allen Gegenden Gemeinsames – und für jeden von uns ist es anders. Dem einen geht das Herz auf in den Bergen, wo Feld und Wiese in die kleinen Straßen sehen, am Rand der Gebirgsseen, wo es nach Wasser und Holz und Felsen riecht, und wo man einsam sein kann; wenn da einer seine Heimat hat, dann hört er dort ihr Herz klopfen. Das ist in schlechten Büchern, in noch dümmeren Versen und in Filmen schon so verfälscht, daß man sich beinah schämt, zu sagen: man liebe seine Heimat. Wer aber weiß, was die Musik der Berge ist, wer die tönen hören kann, wer den Rhythmus einer Landschaft spürt... nein, wer gar nichts andres spürt, als daß er zu Hause ist; daß das da sein Land ist, sein Berg, sein See – auch wenn er nicht einen Fuß des Bodens besitzt... es gibt ein Gefühl jenseits aller Poli-

tik, und aus diesem Gefühl heraus lieben wir dieses Land.
Wir lieben es, weil die Luft so durch die Gassen fließt und nicht anders, der uns gewohnten Lichtwirkung wegen – aus tausend Gründen, die man nicht aufzählen kann, die uns nicht einmal bewußt sind und die doch tief im Blut sitzen.
Wir lieben es, trotz der schrecklichen Fehler in der verlogenen und anachronistischen Architektur, um die man einen weiten Bogen schlagen muß; wir versuchen, an solchen Monstrositäten vorbeizusehen; wir lieben das Land, obgleich in den Wäldern und auf den öffentlichen Plätzen manch Konditortortenbild eines Ferschten dräut –
laß ihn dräuen, denken wir und wandern fort über die Wege der Heide, die schön ist, trotz alledem. Manchmal ist diese Schönheit aristokratisch und nicht minder deutsch; ich vergesse nicht, daß um so ein Schloß hundert Bauern im Notstand gelebt haben, damit dieses hier gebaut werden konnte – aber es ist dennoch, dennoch schön. Dies soll hier kein Album werden, das man auf den Geburtstagstisch legt; es gibt so viele. Auch sind sie stets unvollständig – es gibt immer noch einen Fleck Deutschland, immer noch eine Ecke, noch eine Landschaft, die der Photograph nicht mitgenommen hat... außerdem hat jeder sein Privat-Deutschland. Meines liegt im Norden. Es fängt in Mitteldeutschland an, wo die Luft so klar über den Dächern steht, und je weiter nordwärts man kommt, desto lauter schlägt das Herz, bis man die See wittert. Die See – Wie schon Kilometer vorher jeder Pfahl, jedes Strohdach plötzlich eine tiefere Bedeutung haben... wir stehen nur hier, sagen sie, weil gleich hinter uns das Meer liegt – für das Meer sind wir da. Windumweht steht der Busch, feiner Sand knirscht dir zwischen den Zähnen...
Die See. Unvergeßlich die Kindheitseindrücke; unverwischbar jede Stunde, die du dort verbracht hast – und jedes Jahr wieder die Freude und das »Guten Tag!« und wenn das Mittelländische Meer noch so blau ist... die deutsche See. Und der Buchenwald; und das Moos, auf dem es sich weich geht, daß der Schritt nicht zu hören ist; und der kleine Weiher, mitten im Wald, auf dem die Mücken tanzen – man kann die Bäume anfassen, und wenn der Wind in ihnen saust, verstehen wir seine Sprache. Aus Scherz hat dieses Buch den Titel »Deutschland über alles« bekommen, jenen törichten

Vers eines großmäuligen Gedichts. Nein, Deutschland steht nicht über allem und ist nicht über allem – niemals. Aber *mit* allen soll es sein, unser Land. Und hier stehe das Bekenntnis, in das dieses Buch münden soll:

Ja, wir lieben dieses Land.

Und nun will ich euch mal etwas sagen:
Es ist ja nicht wahr, daß jene, die sich »national« nennen und nichts sind als bürgerlich-militaristisch, dieses Land und seine Sprache für sich gepachtet haben. Weder der Regierungsvertreter im Gehrock, noch der Oberstudienrat, noch die Herren und Damen des Stahlhelms allein sind Deutschland. Wir sind auch noch da.
Sie reißen den Mund auf und rufen: »Im Namen Deutschlands ...!« Sie rufen: »Wir lieben dieses Land, nur wir lieben es.« Es ist nicht wahr.
Im Patriotismus lassen wir uns von jedem übertreffen – wir fühlen international. In der Heimatliebe von niemand – nicht einmal von jenen, auf deren Namen das Land grundbuchlich eingetragen ist. Unser ist es.
Und so widerwärtig mir jene sind, die – umgekehrte Nationalisten – nun überhaupt nichts mehr Gutes an diesem Lande lassen, kein gutes Haar, keinen Wald, keinen Himmel, keine Welle – so scharf verwahren wir uns dagegen, nun etwa ins Vaterländische umzufallen. Wir pfeifen auf die Fahnen – aber wir lieben dieses Land. Und so wie die nationalen Verbände über die Wege trommeln –
mit dem gleichen Recht, mit genau demselben Recht nehmen wir, wir, die wir hier geboren sind, wir, die wir besser deutsch schreiben und sprechen als die Mehrzahl der nationalen Esel – mit genau demselben Recht nehmen wir Fluß und Wald in Beschlag, Strand und Haus, Lichtung und Wiese: es ist unser Land. Wir haben das Recht, Deutschland zu hassen – weil wir es lieben. Man hat uns zu berücksichtigen, wenn man von Deutschland spricht; uns: Kommunisten, junge Sozialisten, Pazifisten, Freiheitsliebende aller Grade; man hat uns mitzudenken, wenn »Deutschland« gedacht wird ... wie einfach, so zu tun, als bestehe Deutschland nur aus den nationalen Verbänden.
Deutschland ist ein gespaltenes Land. Ein Teil von ihm sind wir.

Und in allen Gegensätzen steht – unerschütterlich, ohne Fahne, ohne Leierkasten, ohne Sentimentalität und ohne gezücktes Schwert – die stille Liebe zu unserer Heimat.

ERNST BLOCH

Der Rücken der Dinge

Sagt man, ein Tuch sei rauh, so bleibt das gleichsam unter uns. Denn nur an der Haut ist das Tuch rauh, »für sich« mag es anders sein, etwa grob gewebt. Aber sehen wir eine Rose als rot, so steht die Farbe gleichsam an Ort und Stelle, wo wir sie sehen, die Empfindung scheint dann eine Eigenschaft geworden. Sie hat als eine nicht mehr an unsere Haut gebundene den gleichen dinglichen Anschein wie das grobe Gewebe, sie scheint auch unabhängig vom Auge rot. Ob das Ding, dessen Eigenschaft sie ist, freilich »Rose« heißt, wirklich auch als das Wesen Rose ist, dies scheint der respektvollen Überlegung wieder weniger fraglos. Ob es die Rose weiß, daß sie eine Rose ist, diese Frage ist nicht nur ein später Witz des Verstands, sondern sie liegt bereits Kindern nahe, grade weil sie sachlich sind und jedes Wort in bar haben wollen. Ganz einfach, ganz früh hingesehen: Was »treiben« die Dinge ohne uns? Wie sieht das Zimmer aus, das man verläßt?

Das Feuer im Ofen heizt, auch wenn wir nicht dabei sind. Also, sagt man, wird es dazwischen wohl auch gebrannt haben, in der warm gewordenen Stube. Doch sicher ist das nicht, und was das Feuer vorher getrieben hat, was die Möbel während unseres Ausgangs taten, ist dunkel. Keine Vermutung darüber ist zu beweisen, aber auch keine, noch so phantastische, zu widerlegen. Eben: Mäuse tanzen auf dem Tisch herum, und was tat oder war inzwischen der Tisch? Grade, daß alles bei unserer Rückkehr wieder dasteht, »als wäre nichts gewesen«, kann das Unheimlichste von allem sein. Erzählen die Dienstmädchen von Geistern, die sich nachts auf dem Speicher mit Holz werfen, das dort aufgestapelt ist: so erregt die Kinder doch am meisten, daß das Holz am Morgen wieder daliegt wie zuvor. Oder: obwohl alle Leinwand gerefft worden war, segeln die Toten auf Hauffs Gespensterschiff nachts rückwärts; sind trotzdem die Segel am Morgen »noch unverändert« gerefft, so verstärkt das das Grauen der Nacht, statt es als Traum oder wie sonst zu

widerlegen. Es ist vielen von frühauf ein ungeheuerliches Gefühl, *die Dinge nur zu sehen, während wir sie sehen.* Es schlägt sechs Uhr und Knaben schlagen im Kursbuch nach: jetzt fährt ein Zug von Ulm ab, vielleicht tanzt eine Sklavin im Harem von Timbuktu; aber auch wo niemand ist, gibt alles vor zu sein, und es funkeln Sterne über dem Polareis – funkeln sie wirklich und als Sterne? Glaubt man der abgewendeten Seite des Monds ihre Nacht und Steine, der Venus, daß hier mögliche Wälder unter riesigem Wasserdampf liegen? – obwohl man sie nicht sieht, nur die Analogie des hiesigen Ausschnitts hat, den man sieht, während man ihn sieht? Wird selbst der Tisch notwendig immer als Tisch geglaubt und daß er sich nicht genug darin tun kann, ein Tisch zu sein – nur nach der scheinenden Vorderseite, die er dem Blick zuwendet, sobald wir auf ihn blicken? Die Welt als bloße Vorstellung (mit ganz andern, dabei unablässig umdrängenden Kontinenten als denen der sichtbaren Gegebenheit) ist ein sehr natürlicher, ganz vorwissenschaftlicher Schreck; Berkeley, sozusagen, ist heutigen Menschen ihr primitiver Zustand.
Ein Andres macht die Dinge sogar bedenklich, während sie unter unserm Blick stehen. Ist man im Theater und brennen etwa die Kerzen im letzten Akt Wallenstein auf dem Tisch und Wallenstein unterschreibt den Vertrag mit Wrangel: so sind die Kerzen und der Tisch wirklich Kerzen und Tisch, schauspielern nicht. Sie waren nicht dieselben, aber sind auch nicht anders Kerzen und Tisch gewesen, als sich der wirkliche Wallenstein dem wirklichen General verschrieben hat. Doch die jetzigen Menschen um Kerze und Tisch, kurz, die jetzigen Akteure sind Schauspieler; wieso entsteht also kein Riß, wieso fühlt der Zuschauer, Illusion hin oder her, keine verschiedenen Ebenen des Ernstes? *Schauspielern denn auch die Dinge?* – und auf der Bühne hat ihre »Verstellung«, weit davon entfernt, einen Riß zu erzeugen, grade homogenen Raum? Keine Maske hilft jedenfalls gegen die gesunde junge Frage, auch am »Welttheater«: ob nicht die Gebrauchsgegenstände, jenseits des Gebrauchs, einer immerhin queren Welt angehören, aus der noch keiner zu uns kam. Obst, Rosen, Wälder gehören auch ihrem Material und Lebensablauf nach zu den Menschen, aber die Kerze aus Stearin, selbst aus Wachs, der schöne Schrank aus Holz, gar aus Eisen, das steinerne Haus, die Glut im Ofen, gar in der elektrischen

Birne gehören einer andern Welt, einer in die menschliche nur eingesprengten. Das Meer, dem wir unsre ganz verschiedenen Zwecke anvertrauen, und das sie sogar trägt, schlägt ungeheuer in der Nacht, die ihm keine ist; der Blitz, aus dem das Licht auf den Schreibtisch kommt, findet seinen Weg in der Nacht, in der man nichts sieht, und macht den Weg erst hell, während er ihn geht, fast gegangen ist. Das Leben hat sich unter und auf den Dingen angesiedelt, als auf Objekten, die keine Atmung und Speise brauchen, »tot« sind, ohne zu verwesen, immer vorhanden, ohne unsterblich zu sein; auf dem Rücken dieser Dinge, als wären sie der verwandteste Schauplatz, hat sich die Kultur angesiedelt. Deshalb konnte sich auch der Jugendeindruck von Wallensteins Kerzen und Tisch mit einem ganz andern »Phantasma« leicht verbinden, mit einem Märchen jenseits des Theaters, in der weiten Welt selbst, die wir bewohnen, mit dem Märchen Sindbads des Seefahrers und einem Motiv seines Unsterns. Hier markierte sich das abgewendete Gesicht der Dinge, ihr noch »irrationales« Eigenleben sogar drohend als das X, das es jenseits der Gebrauchsmasken ist. Das Gleichnis ist stark: wie Sindbad Schiffbruch erlitt, mit einigen Gefährten rettet er sich auf eine kleine, wohlbestandene Insel voller Früchte, Kokospalmen, Vögel, jagdbarer Tiere und im Wald ein Quell. Aber wie die Geretteten gegen Abend ein Feuer anzünden, um die Jagdbeute zu braten, krümmt sich der Boden, und die Bäume zersplittern; denn die Insel war der Leib eines riesigen Kraken. Jahrhundertelang hatte er über dem Meeresspiegel geruht, nun brannte das Feuer auf seinem Rücken, und er tauchte unter, »so daß alle Schiffer in dem wirbelnden Wasser ertranken«. Manche dieser und noch andre, vielleicht weniger unheimliche, doch ebenso sprengende Möglichkeiten stecken in der Vexierfrage, wie das Zimmer aussieht, wenn man es verläßt. Vorn ist es hell oder hell gemacht, aber kein Mensch weiß noch, woraus der *Rücken* der Dinge besteht, den wir allein sehen, gar ihre *Unterseite*, und worin das Ganze schwimmt. Man kennt nur die Vorderseite oder Oberseite ihrer technischen Dienstwilligkeit, freundlichen Eingemeindung; niemand weiß auch, ob ihre (oft erhaltene) Idylle, Lockung, Naturschönheit das ist, was sie verspricht oder zu halten vorgibt.

WALT WHITMAN

Als den gelehrten Astronomen ich hörte

Als den gelehrten Astronomen ich hörte,
Als die Beweise, die Zahlen in langen Reihen er vor mir entwickelt',
Als die Tabellen und Diagramme er mir zeigte, sie zu addieren, zu teilen und sie zu messen,
Als den Astronomen ich hörte, der seinen Vortrag hielt unter großem Applaus,
Wie bald wurde ich da so sonderbar müde und krank,
Bis ich mich erhob, aus dem Saale mich schlich und einsam wanderte
Hinaus in die feuchte, mystische Nacht, wo von Zeit zu Zeit
Den Blick still ich hob nach den Sternen.

(1865)

BERTOLT BRECHT

Bei der Nachricht von der Erkrankung eines mächtigen Staatsmanns

Wenn der unentbehrliche Mann die Stirn runzelt
Wanken zwei Weltreiche.
Wenn der unentbehrliche Mann stirbt
Schaut die Welt sich um wie eine Mutter, die keine Milch für ihr Kind hat.
Wenn der unentbehrliche Mann eine Woche nach seinem Tod zurückkehrte
Fände man im ganzen Reich für ihn nicht mehr die Stelle eines Portiers.

SIEGFRIED KRACAUER

Lokomotive über der Friedrichstraße

Wenn man über die Friedrichstraße in der Richtung auf den Bahnhof zu geht, sieht man oft eine mächtige D-Zugslokomotive in der Höhe halten. Sie steht genau oberhalb der Straßenmitte und gehört zu irgendeinem Fernzug, der aus dem Westen kommt oder nach dem Osten fährt. Erregt sie das Aufsehen der Menge? Niemand blickt zu ihr hin. Cafés, Schaufensterauslagen, Frauen, Automatenbüfetts, Schlagzeilen, Lichtreklamen, Schupos, Omnibusse, Varietéphotos, Bettler – alle diese Eindrücke zu ebener Erde beschlagnahmen den Passanten viel zu sehr, als daß er die Erscheinung am Horizont richtig zu fassen vermöchte. Schon die ersten Stockwerke in dieser Straße verflüchtigen sich: die Karyatiden an den Fassaden sind ohne Gegenüber, die Erker könnten aus Pappe sein, und die Dächer entschwinden im Nichts. Kaum anders ergeht es der Lokomotive. Obwohl sie mit ihrem hochgelagerten, langgezogenen Leib, ihrem funkelnden Gestänge und ihren vielen roten Rädern wunderbar anzuschauen ist, harrt sie doch verwaist über dem Gewimmel der Fuhrwerke und Menschen, das sich durch die Unterführung ergießt. Ein fremder Gast, der so unbemerkt im nächtlichen Dunst eintrifft und fortschwebt, als sei er immer oder überhaupt nicht vorhanden.

Welch ein Schauspiel aber bietet die Friedrichstraße selber dem Mann auf der Lokomotive! Man muß sich vorstellen, daß er die Maschine vielleicht stundenlang durchs Dunkel geführt hat. Noch dröhnt die freie Strecke in ihm nach: Schienenstränge, die auf ihn zurasen, Signale, Bahnwärterhäuschen, Wälder, Ackerflächen und Wiesen. Er ist an kleinen Stationen vorbeigefahren und hat in düsteren Bahnhofshallen den Zug für wenige Minuten zum Stehen gebracht. Güterzüge, Personenzüge, erleuchtete Stuben, Kirchtürme, Rufe. Aber dieses Leben ist immer wieder von der Erde geschluckt worden und im Himmel vergangen. Städte: kurzfristige Unterbrechungen; Dörfer: zerstreute Grüppchen im

Land. Von Dauer sind nur die Böschungen und Telegraphenstangen gewesen, die Bodenmuster, die endlosen Räume. Mitunter ist das Feld hinter dem Kesselfeuer zurückgewichen, das später von einem Flußlauf abgelöst worden ist. Karren und Wagen haben an den Wegkreuzungen gewartet, Schornsteine das Gelände durchschnitten und Kinderhändchen emporgewinkt. Und stets von neuem das rasche Größerwerden schwarzer Massen und dann ihr sofortiger Untergang.

Von dorther kommt der Mann auf der Lokomotive. Nach einer Fahrt, auf der außer Erde und Himmel alle Dinge vor ihm flohen, hält er plötzlich über der Friedrichstraße, die ihrerseits Himmel und Erde verdrängt. Sie muß ihm als die Weltachse erscheinen, die sich schnurgerad und unermeßlich nach beiden Seiten hin dehnt. Denn ihre Helle tilgt seine Erinnerungsbilder, ihr Gebraus übertönt das der Strecke, und ihr Betrieb ist sich selber genug. Hier passiert man nicht eine Durchgangsstation, sondern weilt in der Mitte des Lebens. Als ein fremder Gast blickt der Mann droben wie durch einen Spalt in die Straße hinein. Sind auch seine an die Dunkelheit gewöhnten Augen noch außerstande, Einzelheiten zu unterscheiden, so erkennt er doch den Trubel, der die enge Häuserschlucht sprengt, nimmt den Glanz auf, der röter ist als die Räder seiner Maschine. Glanz und Trubel vermischen sich ihm zu einem einzigen ausschweifenden Fest, das wie die Reihe der Bogenlampen keinen Anfang hat und kein Ende. Es nähert sich aus dem Hintergrund, umfaßt Arme und Reiche, Dirnen und Kavaliere und zieht sich, ein glühender Buchstabentaumel, an den Fassaden entlang bis zu den Dächern. Dem Mann ist zumute, als habe er eine Tarnkappe auf und die Straße der Straßen woge über ihn weg. Eine Kette, die niemals abreißt. Ein Menschenband, das sich unaufhörlich durch die flimmernde Luft zwischen Acker und Acker entrollt.

Fährt er weiter, so scheint ihm die Nacht finsterer als je. Vor sich und hinter sich: überall sieht er eine lodernde Linie. Sie umgaukelt ihn, ist bald nicht mehr in Zeit und Raum zu bannen und wird zum Gleichnis rötlichen Lebens. Auf der Friedrichstraße hat niemand die Lokomotive bemerkt.

Die Ballade von der schönen Stadt Moorah

Und als ich in die schöne Stadt reinfuhr,
weil sie so lang und breit am Wasser liegt,
da tat ich gleich bei meinem Bart den Schwur:
daß mich kein Hund aus dieser Stadt rauskriegt.
Ach, sagte ich zu ihr:
ich bleibe ewig dein Geliebter hier.

Da lagen auch soviel Soldaten drin
und gingen Arm in Arm mit mancher Frau.
Ich aber sprang wohl zu dem Wasser hin
und nahm mir eine Wolke, weiß und blau.
Ach, sagte ich zu ihr:
du bist mein allerschönstes Schmeicheltier.

Da kam auch eine kleine Fischerin
in einem weißen Segelschiff heran
und fragte, ob ich wohl der Villon sei,
der Franz, und nicht ein irgendwelcher Mann.
Da sagte ich zu ihr:
nun nimm ihn schon, den Schnabel, und probier.

Es schien der wunderschöne Sommerbaum
noch lang herab auf unser Nest im Kraut;
und schließlich wollte sie, daß dieser Traum
nur ihr gehör und keiner anderen Braut.
Da sagte ich zu ihr:
was ewig dauert, macht mir kein Pläsier.

Und als ich wieder aus der Stadt rausfuhr,
nach mir, da gingen die Soldaten auch
und schossen auf der schönen Sommerflur
sich lauter rote Löcher in den Bauch.
Ach, sagte ich zu mir:
wie wär es, wenn ich jetzt zurückmarschier?!

Da stand die schöne Stadt schon lang nicht mehr
am Wasser um die blaue Pflaumenzeit;
da lagen nur noch Steine kreuz und quer,
und eine Krähe schrie vom Baum ihr Winterleid.
Ach, sagte ich zu ihr:
wir bleiben ewig nur zwei Waisenkinder hier.

SIEGFRIED KRACAUER

Die Unterführung

Dicht beim Bahnhof Charlottenburg zieht sich unter den Gleisen eine schnurgerade Straße hin, die ich oft passiere, weil an ihr jenseits des Bahndamms der Bahnhofseingang liegt. Ich gestehe, daß ich diese Unterführung nie ohne ein Gefühl des Grauens durchmesse. Es könnte von ihrer Konstruktion herrühren, aber ich glaube nicht einmal, daß sie allein das Grauen verursacht; obwohl sie von einer finsteren Strenge ist, der jede Heiterkeit fehlt. Backsteinmauern grenzen die Unterführung ein, verrußte Mauern, die mit zwei Reihen eiserner Stützen zusammen die niedere Decke tragen. Diese Decke besteht aus zahllosen Eisenträgern, die einander in winzigen Abständen folgen und mit unendlich vielen Nietnägeln versehen sind. Zwischen ihnen sitzt eine graue Betonmasse, die nicht minder massiv wirkt wie die Träger selber. In der Dämmerung scheint die Unterführung nicht aufhören zu wollen. Die Mauern zu beiden Seiten dehnen sich bis zum Fluchtpunkt, die eisernen Stützen, die an den Rändern der Fußgängersteige eingerammt sind, vermehren sich und werden bedrohlich, und die Decke senkt sich allmählich immer tiefer herab. Eine klirrende Höllenpassage, ein düsterer Zusammenhang von Backsteinen, Eisen und Beton, der für alle Zeiten gefügt ist.

Viele Menschen eilen durch diese Unterführung. Ich sage eilen, und meine es wörtlich. Denn sei es, daß die Passanten nach Hause oder zum Zug müssen, sei es, daß ihnen das kellerartige Wegstück Unbehagen einflößt: sie blicken nicht nach rechts oder links, sie machen so rasch, als sehnten sie sich danach, wieder an die Oberfläche zu kommen. Trotz ihrer Hast, die genau so wenig einladend ist wie das durch die Resonanz verstärkte Gepolter der Lastwagen, haben sich in der Unterführung verschiedene Stammgäste angesiedelt, die hier offenbar Zuflucht vor Kälte und Regen suchen. Zwei eiserne Stützen nahe beim Ausgang umrahmen einen weißgekleideten Bäcker, der Salzbrezeln feilbietet, die niemand kauft. Tiefer im Innern halten sich mehrere Bettler auf, die von der Backsteinmauer, an der sie stehen und kauern, kaum noch zu unterscheiden sind. Alte, längst verwelkte Mauerblümchen, beschäftigen sie sich damit, irgendeinen Schlager zu dudeln, dem nur die Nietnägel lauschen, oder murmelnd auf eine Gabe zu warten.

Was in mir jenes Grauen hervorruft, ist aber auch nicht eigentlich die entsetzliche Unverbundenheit aller der genannten Personen. Ich weiß natürlich, daß sie vorhanden ist. Von den schnellen Passanten hat jeder seine Privatangelegenheiten im Kopf, die ihn daran hindern, auf die Dauerbewohner der Unterführung zu achten. Diese ihrerseits erblicken in den Passanten nur Käufer oder mildtätige Spender. Der weiße Bäcker scheucht die Kinder fort, die sich an seinen Brezeln vergreifen wollen. Der Ziehharmonika-Bettler wärmt sich an seiner Musik. Der murmelnde Bettler verwechselt vielleicht in halbem Irrsinn die Menschen mit Steinen und Stützen. Und ein aus der Mauer gequollenes Mütterchen, das am Boden hockt, starrt mechanisch auf die vorbeiziehenden Hosenbeine, Rocksäume und Schuhe.

Es ist wohl der Gegensatz zwischen dem geschlossenen, unerschütterlichen Konstruktionssystem und dem zerrinnenden menschlichen Durcheinander, der das Grauen erzeugt. Auf der einen Seite die Unterführung: eine vorbedachte, stabile Einheit, in der jeder Nagel, jeder Backstein an seiner Stelle sitzt und dem Ganzen hilft. Auf der anderen Seite die Menschen: auseinandergesprengte Teile und Teilchen, unzusammenhängende Splitter eines Ganzen, das nicht vorhanden ist. Sie können aus Mauern, Trägern und Stützen einen Verband schaffen, aber sie sind unfähig dazu, sich selber zu einer Gesellschaft zu organisieren. Kraß und schrecklich wird durch das vollkommene System toter Stoffe die Unvollkommenheit des lebendigen Chaos enthüllt. Der Bäcker steht unnütz herum, während die Eisenstützen, die ihn umrahmen, eine Funktion haben, und zum Unterschied von den Wänden, die tragen dürfen, sind die Bettler Ballast. Unmenschlich ist aber nicht nur die Planlosigkeit, mit der die Menschen dahintreiben, sondern auch die planmäßige Konstruktion der Passage. Wie sollte es anders sein, da sie von Menschen erbaut ist? Diese Stützen sehen wie Feinde aus, diese Mauern erinnern an Zuchthäusler, und diese Deckenträger summie-

ren sich zu einem einzigen Alpdruck. Ein System, das so undurchdrungen und verlassen ist wie das anarchische Gemisch der Passanten und Bettler.
Immer wieder packt mich dasselbe Grauen, wenn ich durch die Unterführung gehe. Und ich denke mir manchmal wie zum Trost bessere, schönere Konstruktionen aus. Solche, deren Baumaterialien nicht nur aus Eisen und Backsteinen, sondern gewissermaßen auch aus Menschen bestünden. Dann brauchten sich die Passanten nicht so zu beeilen, und die Musik wäre kein Wink für die Barmherzigkeit.

FRANZ KAFKA

Tagebücher

Aufzeichnungen aus dem Jahre 1916

[...]

Ein Traum: Zwei Gruppen von Männern kämpften miteinander. Die Gruppe, zu der ich gehörte, hatte einen Gegner, einen riesigen nackten Mann gefangen. Fünf von uns hielten ihn, einer beim Kopf, je zwei bei den Armen und Beinen. Leider hatten wir kein Messer, ihn zu erstechen, wir fragten in der Runde eilig, ob ein Messer da sei, keiner hatte eines. Da aber aus irgendeinem Grunde keine Zeit zu verlieren war und in der Nähe ein Ofen stand, dessen ungewöhnlich große gußeiserne Ofentüre rotglühend war, schleppten wir den Mann hin, näherten einen Fuß des Mannes der Ofentüre, bis er zu rauchen begann, zogen ihn dann wieder zurück und ließen ihn ausdampfen, um ihn bald neuerlich zu nähern. So trieben wir es gleichförmig, bis ich nicht nur im Angstschweiß, sondern wirklich zähneklappernd erwachte.

Hans und Amalia, die zwei Kinder des Fleischers, spielten mit Kugeln an der Mauer des Magazins, eines großen alten festungsartigen Steinbaues, der mit seinen zwei Reihen stark vergitterter Fenster sich weithin am Flußufer dehnte. Hans zielte vorsichtig, prüfte Kugel, Weg und Grube, ehe er den Stoß abgab, Amalia hockte bei der Grube und klopfte mit den Fäustchen vor Ungeduld auf den Boden. Plötzlich aber ließen beide von den Kugeln ab, standen langsam auf und sahen das nächste Magazinfenster an. Man hörte ein Geräusch, wie wenn jemand eine der kleinen trüben dunklen Scheiben der vielgeteilten Fenster reinzuwischen suche, es gelang aber nicht, und nun wurde sie entzweigeschlagen, ein mageres, scheinbar grundlos lächelndes Gesicht erschien undeutlich in dem kleinen Viereck, es war wohl ein Mann, und er sagte: »Kommt Kinder, kommt. Habt ihr schon ein Magazin gesehn?«

Die Kinder schüttelten die Köpfe, Amalia sah erhitzt zum Mann auf, Hans blickte nach rückwärts, ob Leute in der Nähe wären, aber er sah nur einen Mann, der, gleichgültig gegen alles, mit gebeugtem Rücken einen schwer beladenen Karren das Quaigeländer entlang schob. »Dann werdet ihr aber wirklich staunen«, sagte der Mann, sehr eifrig, als müsse er durch Eifer die Ungunst der Verhältnisse überwinden, die ihn mit Mauer, Gitter und Fenster von den Kindern trennten. »Jetzt aber kommt. Es ist höchste Zeit.« »Wie sollen wir hineinkommen?« sagte Amalia. »Ich werde euch die Tür zeigen«, sagte der Mann. »Folgt mir nur, ich gehe jetzt nach rechts und werde an jedes Fenster klopfen.«
Amalia nickte und lief zum nächsten Fenster, wirklich klopfte es dort und so auch bei den folgenden. Aber während Amalia dem fremden Mann gehorchte und ihm gedankenlos nachlief, wie man etwa einem Holzreifen nachläuft, ging Hans nur langsam hinterher. Ihm war nicht wohl zumut, das Magazin, das zu besuchen ihm bisher niemals eingefallen war, war gewiß sehr sehenswert, aber ob es wirklich erlaubt war, hineinzugehn, war durch die Einladung eines beliebigen Fremden noch durchaus nicht erwiesen. Es war eher unwahrscheinlich, denn wenn es erlaubt gewesen wäre, dann hätte ihn doch der Vater gewiß schon einmal hingeführt, da er nicht nur ganz in der Nähe wohnte, sondern sogar im weiten Umkreis alle Leute kannte, von ihnen gegrüßt und mit Ehrerbietung behandelt wurde. Und nun fiel Hans ein, daß dies also auch von dem Fremden gelten müsse, er lief, um das festzustellen, Amalia nach und erreichte sie, als sie und mit ihr der Mann bei einer kleinen, gleich unten am Erdboden befindlichen Tür aus Eisenblech haltmachten. Es war wie eine große Ofentüre. Wieder schlug der Mann beim letzten Fenster eine kleine Scheibe ein und sagte: »Hier ist die Tür. Wartet einen Augenblick, ich werde die Innentüren öffnen.«
»Kennen Sie unsern Vater?« fragte Hans sofort, aber das Gesicht war schon verschwunden, und Hans mußte mit seiner Frage warten. Nun hörte man, wie tatsächlich die Innentüren geöffnet wurden. Zuerst kreischte der Schlüssel kaum hörbar, dann lauter und lauter in nähern Türen. Das hier durchbrochene dicke Mauerwerk schien durch viele eng aneinanderliegende Türen ersetzt zu sein. Endlich öffnete sich auch die letzte nach innen, die Kinder legten sich auf den Boden, um

hineinsehn zu können,und dort war nun auch das Gesicht des Mannes im Halbdunkel. »Die Türen sind offen, also kommt! Nur flink, nur flink.« Mit einem Arm drückte er die vielen Türplatten an die Wand.

Als wäre Amalia durch das Warten vor der Tür ein wenig zur Besinnung gekommen, schob sie sich jetzt hinter Hans und wollte nicht die erste sein, ihn aber stieß sie nach vorn, denn mit ihm wollte sie sehr gerne ins Magazin. Hans war ganz nahe der Türöffnung, er fühlte den kühlen Anhauch, der aus ihr kam, er wollte nicht hinein, nicht zu dem Fremden, nicht hinter die vielen Türen, die zugesperrt werden konnten, nicht in das kühle alte riesige Haus. Nur weil er schon hier vor der Öffnung lag, fragte er: »Kennen Sie unsern Vater?«

»Nein«, antwortete der Mann, »aber kommt schon endlich, ich darf nicht so lange die Türen offen lassen.«

»Er kennt unsern Vater nicht«, sagte Hans zu Amalia und stand auf; er war wie erleichtert, nun würde er gewiß nicht hineingehn.

»Ich kenne ihn aber doch«, sagte der Mann und schob den Kopf in der Öffnung weiter vor, »natürlich kenne ich ihn, der Fleischer, der große Fleischer bei der Brücke, ich selbst hole dort manchmal Fleisch, glaubt ihr, ich würde euch ins Magazin einlassen, wenn ich nicht eure Familie kennen würde?«

»Warum hast du zuerst gesagt, daß du ihn nicht kennst?« fragte Hans und hatte sich, die Hände in den Taschen, schon ganz vom Magazin abgewendet.

»Weil ich hier in dieser Lage keine langen Gespräche zu führen wünsche. Kommt erst herein, dann kann man über alles sprechen. Im übrigen mußt du, Kleiner, gar nicht hereinkommen, im Gegenteil, mir ist es lieber, wenn du mit deinem ungezogenen Benehmen draußen bleibst. Deine Schwester aber, die ist vernünftiger, die kommt und wird willkommen sein.« Und er streckte Amalia die Hand entgegen.

»Hans«, sagte Amalia, während sie ihre Hand der fremden Hand näherte, ohne sie aber noch zu fassen, »warum willst du nicht hineingehn?« Hans, der nach der letzten Antwort des Mannes auch keine deutliche Ursache für seine Abneigung anführen konnte, sagte nur leise zu Amalia: »Er zischt so.« Und tatsächlich zischte der Fremde, nicht nur beim Reden, sondern auch wenn er schwieg. »Warum zischst du?« fragte Amalia, die zwischen Hans und dem Fremden vermitteln wollte.

»Dir, Amalia, antworte ich«, sagte der Fremde. »Ich habe einen schweren Atem, es kommt von dem ununterbrochenen Aufenthalt hier in dem feuchten Magazin, auch euch würde ich nicht raten, lange hier zu bleiben, aber für ein Weilchen ist es eben außerordentlich interessant.«

»Ich gehe«, sagte Amalia und lachte, sie war schon ganz gewonnen, »aber«, fügte sie dann wieder langsamer hinzu, »Hans muß auch mitkommen.«

»Natürlich«, sagte der Fremde, hopste mit dem Oberkörper hervor, faßte den vollständig überraschten Hans bei den Händen, so daß dieser gleich niederfiel und zog ihn mit aller Kraft ins Loch hinein. »Hier geht's hinein, mein lieber Hans«, sagte er und schleppte den sich Wehrenden und laut Schreienden mit sich, ohne Rücksicht darauf, daß ein Rockärmel von Hans an den scharfen Kanten der Türen in Fetzen ging.

»Mali«, rief plötzlich Hans – er war schon mit den Füßen im Loch, so rasch ging es trotz allen Widerstandes –, »Mali, hol den Vater, hol den Vater, ich kann nicht mehr zurück, er zieht mich so stark.« Aber Mali, ganz verwirrt durch das rohe Eingreifen des Fremden, überdies ein wenig schuldbewußt, denn sie hatte ja zu der Untat gewissermaßen aufgefordert, schließlich aber doch auch sehr neugierig, wie sie es von allem Anfang an gewesen war, lief nicht weg, sondern hielt sich an Hansens Füßen an... (bricht ab)

EDGAR ALLAN POE

Eine Flaschenpost

Qui n'a plus qu'un moment à vivre,
N'a plus rien à dissimuler.
Quinault, »Atys«

Über mein Vaterland und meine Angehörigen weiß ich nicht viel zu berichten. Lieblosigkeit und jahrelange Trennung haben mich endgültig von der Heimat geschieden und der Familie entfremdet. Ererbter Reichtum sicherte mir eine überdurchschnittliche Erziehung, und meine dem Denken zugewandte Veranlagung machte es mir möglich, die in der Jugend fleißig angehäuften Wissensschätze methodisch zu verarbeiten. Vor allem hatten es mir die Werke der deutschen Moralphilosophen angetan; doch nicht etwa, weil ich ihre gewandt und überzeugend vorgetragenen Torheiten blind bewundert hätte, sondern wegen der Genugtuung, die ich empfand, wenn meine unbeirrbare Logik ihre Fehlschlüsse mit souveräner Leichtigkeit bloßlegen konnte. Man hat mir die Nüchternheit meiner Veranlagung oft zum Vorwurf gemacht; ein gewisser Phantasiemangel ist mir als eine Art Verbrechen angekreidet worden, und der Pyrrhonismus meiner Ansichten hat schon seit je Anstoß erregt. Tatsächlich hat bei meiner Vorliebe für physikalische Betrachtungsweise wohl ein sehr verbreiteter Irrtum meiner Zeit auch auf meinen Geist abgefärbt – ich meine die Gewohnheit, alle Vorfälle und Erscheinungen, selbst wenn sie dafür denkbar ungeeignet sind, den Gesetzen jener Wissenschaft unterzuordnen. Im großen und ganzen konnte kaum jemand weniger anfällig dafür sein, sich aus den sicheren Bereichen exakter Wissenschaft durch die Ignes fatui des Aberglaubens weglocken zu lassen, als gerade ich. Ich halte es für angebracht, soviel über mich selbst vorauszuschicken, damit man die unglaubhafte Geschichte, die ich zu erzählen habe, nicht etwa als den ungezügelten Ausfluß wilder Phantasterei hinnimmt, sondern sie als den exakten Erfahrungsbericht eines nüchternen

Geistes würdigt, dem Phantasiegebilde nie auch nur das geringste bedeutet haben.

Nach vielen Jahren, die ich in der Fremde auf Reisen verbracht hatte, schiffte ich mich im Jahre 18.. im Hafen Batavia auf der wohlhabenden und volkreichen Insel Java zu einer Reise nach dem Sunda-Archipel ein. Ich fuhr als Vergnügungsreisender – und nichts trieb mich dazu als eine Art nervöser Rastlosigkeit, die mich wie ein Dämon verfolgte.

Unser Fahrzeug war ein schönes, ungefähr vierhundert Tonnen großes, mit Kupferschrauben zusammengehaltenes Schiff, das in Bombay aus malabaresischem Teakholz erbaut worden war. Es hatte Baumwolle und Öl von den Lakkadiven geladen. Außerdem hatten wir Kokosfasergarn, Palmenzukker, Büffelmilchbutter, Kokosnüsse und ein paar Schalen Opium an Bord. Die Ladung war unsachgemäß gestaut und das Fahrzeug daher in Gefahr, leicht zu kentern.

Wir liefen unter einem sanften Windhauch aus und segelten viele Tage lang an der Ostküste Javas entlang, ohne daß die Einförmigkeit unserer Fahrt durch etwas Erregenderes als das gelegentliche Zusammentreffen mit einem der kleinen zweimastigen Küstenschiffe aus dem Archipel, den wir ansteuerten, unterbrochen worden wäre.

Als ich eines Abends, an die Heckreling gelehnt, Ausschau hielt, erblickte ich im Nordwesten eine sehr eigenartige, einzeln stehende Wolke. Sie war nicht nur wegen ihrer Farbe bemerkenswert, sondern auch deshalb, weil sie die erste Wolke war, die wir seit unserer Abfahrt aus Batavia zu Gesicht bekamen. Ich beobachtete sie aufmerksam bis zum Sonnenuntergang, wo sie sich unvermittelt nach Osten und Westen ausbreitete und den Horizont mit einem schalen Dunststreifen umgürtete, der wie eine lange, flache Küstenlinie aussah. Bald darauf wurde meine Aufmerksamkeit durch den düster-roten Anblick des Mondes und die sonderbare Erscheinung des Meeres aufs neue erregt. Die See veränderte im Handumdrehen ihr Aussehen, und das Wasser schien durchsichtiger als gewöhnlich. Obwohl ich den Meeresgrund deutlich erkennen konnte, sagte mir das ausgeworfene Lot, daß unser Schiff über einer Tiefe von fünfzehn Faden schwamm. Die Luft wurde nun unerträglich heiß und war von spiralförmig aufsteigenden Strömungen durchsetzt, wie man sie ähnlich über erhitztem Eisen beobachten kann. Als die Nacht heraufzog, erstarb jede Luftbewegung – eine vollkommenere Windstille ist nicht mehr vorstellbar. Eine Kerzenflamme brannte ohne die geringste wahrnehmbare Bewegung auf dem Heck, und ein langes, zwischen Zeigefinger und Daumen gehaltenes Haar hing schlaff herab, ohne daß man auch nur ein leichtes Zittern entdecken konnte. Da jedoch nach Meinung des Kapitäns kein Anzeichen einer Gefahr vorlag und wir merklich auf die Küste zutrieben, ließ er die Segel einziehen und den Anker auswerfen. Keine Wache wurde ausgestellt, und die hauptsächlich aus Malaien bestehende Mannschaft streckte sich auf Deck unbesorgt zur Ruhe aus. Ich ging hinunter – nicht ohne das deutliche Vorgefühl eines drohenden Unheils, ließ mich doch jedes Vorzeichen mit vollem Recht einen Wirbelsturm erwarten. Ich teilte dem Kapitän meine Befürchtungen mit, doch er beachtete meine Worte nicht und ließ mich stehen, ohne mich einer Antwort zu würdigen. Meine Unruhe war jedoch so groß, daß ich nicht einschlafen konnte, und ungefähr um Mitternacht ging ich wieder an Deck. Als ich den Fuß auf die oberste Stufe der Kajütentreppe setzte, erschreckte mich ein lautes, brausendes Geräusch, wie es etwa durch die raschen Umdrehungen eines Mühlrads hervorgerufen wird, und ehe ich mir über seine wahre Bedeutung klarwerden konnte, spürte ich, wie das Schiff bis ins innerste Gefüge erbebte. Im nächsten Augenblick drückte uns ein wilder Schaumwirbel bis zum Kentern auf die Seite, brandete längsschiffs über uns dahin und fegte das ganze Deck vom Bug bis zum Heck leer.

Der außerordentlichen Gewalt des Windstoßes war die Rettung des Schiffs großenteils zu verdanken. Obwohl es fast völlig ins Wasser gedrückt worden war, hob es sich, als seine Masten über Bord gingen, nach einer Minute schwerfällig aus dem Meere, wankte unter dem ungeheuerlichen Druck des Sturmes eine Weile taumelnd hin und her und richtete sich schließlich wieder völlig auf.

Durch welches Wunder ich der Vernichtung entrann, läßt sich unmöglich sagen. Ich war vom Anprall der Wassermassen betäubt worden und fand mich, als ich wieder zu mir kam, zwischen Achtersteven und Steuerruder geklemmt. Mit großer Mühe kam ich wieder auf die Füße, und als ich mich benommen umblickte, hatte ich zuerst den Eindruck, daß wir mitten in die Brandungswellen geraten seien, so über alle Maßen und Vorstellungen schrecklich war der Wirbel des bergehoch aufgetürmten, schäumenden Ozeans, der uns in seinem Abgrund zu verschlingen drohte. Nach einiger Zeit hörte ich die Stimme eines alten Schweden, der sich im Augenblick, als wir den Hafen verließen, bei uns eingeschifft hatte. Ich machte mich ihm mit aller Stimmkraft bemerkbar, und sogleich kam er nach hinten auf mich zugeschwankt. Bald entdeckten wir, daß wir die einzigen Überlebenden waren. Außer uns waren alle an Deck über Bord gefegt worden. Der Kapitän und die Maaten mußten im Schlaf umgekommen sein, denn ihre Kajüten waren vom Wasser überflutet. Ohne Beistand konnten wir nur wenig für die Sicherheit des Schiffs ausrichten, ganz abgesehen davon, daß wir zunächst von der Erwartung, jeden Augenblick mit dem Schiff zu versinken, wie gelähmt waren und müßig verharrten. Unser Ankertau war natürlich schon beim ersten Sturmanprall des Hurrikans wie Bindfaden gerissen, sonst wären wir sofort verloren gewesen. Wir lenzten mit furchtbarer Geschwindigkeit vor der See, und die Wellen brachen ungehindert über uns hinweg. Die Zimmerung am Bug war schwer zerschlagen, und wir hatten fast in jeder Hinsicht beträchtlichen Schaden genommen; doch fanden wir zu unserer größten Freude die Pumpen unverstopft und stellten fest, daß sich unsere Ladung nicht wesentlich verschoben hatte. Die Hauptwut des Sturmes hatte sich schon ausgetobt, und wir sahen in der Stärke des Windes nur noch wenig Gefahr, doch blickten wir seinem gänzlichen Aufhören mit Verzweiflung entgegen, da wir mit gutem Grund annahmen, daß wir bei unseren beträchtlichen Sturmschäden in der dann folgenden furchtbaren Dünung unvermeidlich untergehen würden. Doch schien sich diese nur allzu berechtigte Befürchtung zunächst nicht so bald erfüllen zu wollen. Volle fünf Tage und Nächte – in denen wir uns kümmerlich von ein wenig Palmenzucker nährten, den wir unter großen Schwierigkeiten vom Vorderdeck holten – flog das entmastete Wrack mit einer sich jeder Berechnung entziehenden Geschwindigkeit vor den rasch aufeinanderfolgenden Böen eines Windes dahin, der, wenn er auch nicht die anfängliche Heftigkeit des Wirbelsturms erreichte, doch immer noch schrecklicher war als jeder Sturm, den ich bisher erlebt hatte. Während der

ersten vier Tage lagen wir mit geringfügigen Veränderungen auf südsüdöstlichem Kurs und müssen die ganze Küste Neu-Hollands entlanggerast sein. Am fünften Tage brach außerordentliche Kälte ein, obwohl der Wind um einen weiteren Punkt auf Norden umgesprungen war. Die Sonne ging mit fahlgelbem Schein auf, stieg sehr wenige Grad über den Horizont und sandte nur schwächliches Licht aus. Wolken waren nicht zu erblicken, doch nahm der Wind zu und blies mit böenhafter, ungleichmäßiger Heftigkeit. Um die Mittagszeit, soweit wir sie schätzungsweise feststellen konnten, wurde unsere Aufmerksamkeit wiederum vom Aussehen der Sonne gefesselt. Sie gab kein Licht im eigentlichen Wortsinne von sich, sondern leuchtete in trüber, schwermütiger Glut ohne Widerschein, als hätten sich alle Strahlen auf ihrem Wege totgelaufen. Kurz ehe sie in der aufgeschwollenen See versank, verlosch das Licht in ihrer Mitte, als hätte eine unerklärliche Gewalt es rasch erstickt. Sie war nur noch ein matter, silberartiger Reif, als sie in den unergründlichen Ozean hinabstürzte.
Vergebens erwarteten wir den Anbruch des sechsten Tages – des Tages, der für mich bis jetzt noch nicht angebrochen ist und für den Schweden niemals anbrach. Von nun an waren wir in pechschwarze Finsternis gehüllt, so daß wir zwanzig Schritt vom Schiff entfernte Gegenstände nicht mehr hätten sehen können. Ununterbrochen umgab uns ewige Nacht, und sie wurde nicht einmal durch das phosphoreszierende Meeresleuchten aufgehellt, das wir in den tropischen Gewässern gewohnt gewesen waren. Auch stellten wir fest, daß die vertraute Erscheinung von Gischt und Schaum, die uns bisher begleitet hatte, nicht mehr zu entdecken war, obwohl der Sturm mit unverminderter Heftigkeit wütete. Rings um uns war das Grauen, herrschte undurchdringliche Düsternis, erstreckte sich eine alles Leben erstickende Ebenholzwüste. Abergläubisches Entsetzen ergriff allmählich den Geist des alten Schweden, und meine Seele hüllte sich in stummes Staunen. Wir hielten es für mehr als nutzlos, am Schiff Hand anzulegen, banden uns, so gut es ging, am Stumpf des Besanmasts fest und blickten verzweifelt hinaus in die Wasserwelt. Wir hatten keine Möglichkeit, die Zeit zu berechnen, und konnten auch sonst unsere Lage in keiner Weise abschätzen. Wir waren uns jedoch der Tatsache voll bewußt, daß wir

weiter als jeder Vorgänger nach Süden vorgedrungen waren, und wunderten uns sehr, nicht auf die bekannte Eisbarriere zu stoßen. Dabei konnte jeder Augenblick unser letzter sein – jede einzelne der berghohen Wogen stürmte heran, um uns zu vernichten. Die Dünung übertraf alle Vorstellungen und Befürchtungen, und daß wir nicht sofort unter ihr begraben wurden, ist einfach ein Wunder. Mein Gefährte erwähnte die geringe Last unserer Ladung und hielt mir die ausgezeichneten Eigenschaften unseres Schiffes vor Augen, doch ich sah nur, wie hoffnungslos es war, jetzt noch zu hoffen, und bereitete mich trübsinnig auf den Tod vor, den meiner Ansicht nach nichts in der Welt länger als eine Stunde aufschieben konnte; denn mit jedem zurückgelegten Knoten schwoll die Dünung der schwarzen gewaltigen Wassermassen immer unheildrohender und entsetzlicher an. Zuweilen sogen wir, bis über die Flugbahn des Albatros emporgehoben, die Luft gierig ein – dann wieder nahm uns die rasende Geschwindigkeit, mit der wir in eine Wasserhölle hinabglitten, wo die Luft dumpfig wurde und kein Laut den Schlummer der Kraken störte, die Besinnung.

Wir waren eben am Boden eines dieser Abgründe angelangt, als plötzlich ein Angstschrei meines Gefährten die Nacht durchgellte. »Sieh doch, sieh!« schrie er mir gellend in die Ohren. »Allmächtiger! Sieh nur, sieh!« Bei seinen Worten wurde ich eines düsteren trüb-roten Schimmers gewahr, der die Seitenwände der ungeheuren Kluft, in der wir lagen, herabströmte und unserem Deck einen rasch aufleuchtenden Glanz verlieh. Als ich die Augen nach oben richtete, erblickte ich ein Schauspiel, das mir das Blut in den Adern erstarren ließ. In furchtbarer Höhe unmittelbar über uns und am äußersten Rand des Steilabfalls schwebte ein riesiges, vielleicht viertausend Tonnen großes Schiff. Obwohl es auf dem Gipfel einer hundertmal so hohen Woge stand, übertraf seine anscheinende Größe immer noch die eines jeden bekannten Linienschiffs oder Ostindienfahrers. Der mächtige Schiffsrumpf war von einem tiefen, schmutzfarbenen Schwarz, das durch keine der sonst üblichen Schnitzereien und Verzierungen aufgelockert wurde. Aus den offenen Breitseiten ragte eine Reihe von Bronzekanonen hervor, die mit ihrer polierten Oberfläche das Licht zahlloser, in der Takelage hin und her schwingender Gefechtslaternen zurückwarfen. Doch was uns vor allem mit Entsetzen und Erstaunen erfüllte, war die Tatsache, daß es sich inmitten dieses übernatürlichen Seegangs und des unbeherrschbaren Sturmwinds unter vollem Segeldruck behauptete. Als wir das Schiff zuerst erblickten, war nur der Bug zu sehen, wie er langsam aus dem dahinterliegenden düsteren, entsetzlichen Abgrund emporstieg. Einen Augenblick namenlosen Entsetzens lang hielt das Schiff auf schwindelnder Höhe an, als wollte es seine Erhobenheit betrachtend genießen, dann erbebte es, schwankte und schoß herunter.

Ich weiß nicht, welch plötzliche Geistesgegenwart mich in diesem Augenblick überkam. Ich taumelte so weit nach rückwärts, wie es nur möglich war, und sah dem drohenden Verderben furchtlos entgegen. Unser Fahrzeug gab endlich den Kampf auf und tauchte mit dem Bug ins Meer. Der Anprall der herabsausenden Masse traf demzufolge den Teil des Schiffskörpers, der schon unter Wasser lag, und die unausbleibliche Folge war, daß ich mit unwiderstehlicher Wucht in die Takelage des fremden Schiffs geschleudert wurde.

Während ich dahinflog, ging das Schiff über Stag und wendete, und dem damit verbundenen Durcheinander schrieb ich es zu, daß die Mannschaft meiner nicht gewahr wurde. Ohne große Schwierigkeit gelangte ich unbemerkt zur Hauptluke, die ein Stück offenstand, und fand bald Gelegenheit, mich im Laderaum zu verstecken. Warum ich dies tat, vermag ich kaum zu erklären. Ein unbestimmtes Gefühl des Grauens, das mich beim Anblick der Seeleute dieses Schiffes sofort ergriffen hatte, war möglicherweise der Grund dafür. Es widerstrebte mir, mich Menschenwesen anzuvertrauen, die mir schon beim ersten, flüchtigen Blick in vieler Hinsicht so seltsam, unheimlich und furchteinflößend erschienen waren. Ich hielt es daher für angebracht, mir ein Versteck im Schiffsraum zu schaffen. Dies bewerkstelligte ich, indem ich ein paar Verschalbretter so weit beiseite schob, daß zwischen den gewaltigen Schiffsspanten ein geeigneter Zufluchtsraum für mich entstand.

Ich hatte kaum mein Werk vollendet, als mich Schritte im Laderaum zwangen, mein Versteck aufzusuchen. Mit unsicherem, schwankendem Gang kam ein Mann vorbeigewankt. Sein Gesicht konnte ich nicht sehen, doch gelang es mir, einen

Gesamteindruck von ihm zu gewinnen. Alles an ihm deutete auf hohes Alter und körperliche Hinfälligkeit. Die Knie zitterten ihm unter der Last der Jahre, wie überhaupt seine ganze Gestalt unter der gleichen Bürde zu beben schien. Leise und stammelnd murmelte er in einer Sprache, die ich nicht verstand, etwas vor sich hin und wühlte dann in einer Ecke in einem Haufen seltsam aussehender Instrumente und zerfetzter Seekarten herum. In seinem Wesen schienen Charakterzüge der zweiten Kindheit mit der feierlichen Würde eines Gottes unharmonisch zusammenzuklingen. Endlich ging er an Deck, und ich sah ihn nicht wieder.

Ein Gefühl, für das ich keinen Namen habe, hält meine Seele umfangen – ein Empfinden, das keiner Analyse zugänglich ist, für das ich in der Vergangenheit keinen hinreichenden Maßstab finde und für das, wie ich fürchte, auch die Zukunft keine Lösung mehr bereithalten wird. Für eine Geistesstruktur wie die meine ist das besonders schlimm. Ich werde also niemals – ich weiß, daß es nie geschehen wird – über die wahre Natur meiner Eindrücke und Vorstellungen Gewißheit erlangen. Doch ist es nicht weiter verwunderlich, daß diese Vorstellungen so nebelhaft sind, da sie aus so völlig neuartigen Quellen herrühren. Ein neuer Bezirk des Erkennens – eine neue Wesenheit hat sich meiner Seele erschlossen.

Nun ist es schon eine ganze Zeit her, seit ich zum erstenmal das Deck dieses schrecklichen Schiffs betrat, und ich glaube, die Strahlen meines Schicksals finden sich nun in ihrem Brennpunkt zusammen. Unbegreifliche Menschen! In Betrachtungen versunken, deren Wesen ich nicht ahnen kann, gehen sie an mir vorbei, ohne Notiz von mir zu nehmen. Mich vor ihnen zu verstecken wäre reine Torheit, denn die Leute *wollen* mich einfach nicht sehen. Eben erst bin ich unmittelbar vor den Augen des Maats über das Deck gegangen, und es ist noch gar nicht lange her, daß ich mich in die Kajüte des Kapitäns gewagt habe und dort das Schreibmaterial an mich nahm, mit dem ich hier meine Aufzeichnungen mache. Ich werde das Tagebuch von Zeit zu Zeit weiterführen. Gewiß werde ich kaum die Gelegenheit finden, es der Welt zu übermitteln, doch will ich mich auf jeden Fall darum bemühen. Im letzten Augenblick will ich das Manuskript in einer Flasche verschließen und sie ins Meer werfen.

Etwas hat sich ereignet, was mir zu denken gab. Sind solche

Vorfälle wirklich nur das Werk blinden Zufalls? Ich hatte mich auf Deck gewagt und mich gänzlich unbeachtet in der dort abgestellten Segeljolle auf einen Stapel unbenutzter Segel und alter Webeleinen niedersinken lassen. Während ich über mein eigenartiges Schicksal nachgrübelte, strich ich geistesabwesend mit einem Teerpinsel über die Kanten eines sauber gefalteten Leesegels, das in meiner Nähe auf einer Tonne lag. Jetzt ist das Leesegel über dem Schiff aufgezogen, und die gedankenlosen Pinselstriche haben sich zu dem Wort ERKENNTNIS ausgebreitet und zusammengeschlossen.
Ich habe letzthin viele neue Beobachtungen über Bau und Art des Schiffes angestellt. Obwohl es gut armiert ist, halte ich es doch nicht für ein Kriegsschiff. Takelage, Bauart und sonstige Ausrüstung würden einer solchen Annahme widersprechen. Was es *nicht ist,* kann ich also leicht feststellen; doch was es wirklich *ist,* wird sich, fürchte ich, kaum jemals sagen lassen. Ich weiß nicht, wie es zugeht, aber wenn ich mir seine fremdartige Bauart und die eigenartige Form der Spieren, seine riesige Größe und den übermäßigen Segelsatz, die strenge Einfachheit seines Bugs und das altertümliche Heck vor Augen halte, kommt mir zuweilen blitzartig das Gefühl, dies alles schon einmal gesehen zu haben, und die undeutlichen Erinnerungsbilder vermischen sich dann mit nicht mehr klar faßbaren Eindrücken aus alten Chroniken ferner Länder und längst entschwundener Zeiten.
Ich habe mir das Spantenwerk des Schiffs gründlich angesehen. Es ist aus einem mir völlig unbekannten Material. Das Holz ist ganz eigentümlicher Art, die um so mehr auffällt, als sie es eigentlich für diesen Verwendungszweck untauglich macht. Ich meine seine außerordentliche *Porosität,* die nichts mit den auf jenen Meeren selbstverständlichen Wurmlöchern und altersbedingter Vermorschung zu schaffen hat. Meine Beobachtung mag als übergenau, meine Schlußfolgerung als voreilig abgetan werden, aber das Holz schien mir alle Eigenschaften der Korkeiche zu besitzen, wenn man Korkeichenholz durch unnatürliche Mittel aufblähen und ausdehnen könnte.
Wenn ich jetzt den eben geschriebenen Satz nochmals überlese, fällt mir die stehende Redensart eines alten, von Wind und Wetter gezeichneten holländischen Fahrensmanns Wort für Wort ein. »Das ist genauso sicher«, pflegte er zu sagen,

wenn jemand an der Wahrheit seiner Erzählungen zweifelte, »wie es ein Meer gibt, wo das Schiff selber wächst und an Umfang zunimmt wie der lebendige Leib des Seemanns.«

Vor etwa einer Stunde brachte ich den Mut auf, mich in eine Gruppe der Mannschaft zu mischen. Die Leute schenkten mir keinerlei Beachtung, und obwohl ich mitten unter ihnen stand, schienen sie meine Anwesenheit überhaupt nicht wahrzunehmen. Wie der Mann, den ich zuerst im Laderaum gesehen hatte, wiesen sie alle die Kennzeichen ehrwürdigen Alters auf. Die Knie zitterten ihnen, und die Schultern hingen vor Altersschwäche herab; ihre welke, schlaffe Haut knatterte im Wind; sie sprachen mit leiser, zittriger, gebrochener Stimme; ihre Alters-Triefaugen glitzteren, und in ihren grauen Haaren wühlte entsetzlich der Sturm. Um sie herum lagen überall auf dem Deck mathematische Instrumente von wunderlicher und ganz veralteter Bauart.

Ich habe vor einiger Zeit das Aufziehen des Leesegels erwähnt. Von da an hat das Schiff direkt vor dem Wind seinen furchtbaren Südkurs beibehalten; vom Flaggenkopf bis zu den unteren Leesegelspieren hat es jeden Fetzen Leinwand gesetzt und taucht immer wieder seine Bramsegelnocken in die entsetzlichste Wasserhölle, die sich Menschenphantasie nur ausdenken kann. Ich habe soeben das Deck verlassen, wo ich unmöglich festen Stand finden konnte, obwohl die Mannschaft nur wenig Beschwernis zu empfinden schien. Es erscheint mir als das Wunder der Wunder, daß unser riesiger Schiffsrumpf nicht längst ein für allemal verschlungen worden ist. Sicherlich sind wir dazu verurteilt, ständig am Rande der Ewigkeit dahinzuschweben, ohne endgültig im Abgrund versinken zu dürfen. Über tausendmal gewaltigere Wogen, als ich sie je zuvor gesehen habe, gleiten wir mit der Leichtigkeit der pfeilschnellen Seemöwe hinweg; die ungeheuren Wassermassen erheben zwar ihre Häupter über uns wie Dämonen der Tiefe, doch wie Dämonen, die nur drohen und nicht zerstören dürfen. Ich kann diese immer wiederkehrende Rettung vor dem Untergang nur der einzig natürlichen Ursache zuschreiben, die ein solches Verhalten des Fahrzeugs erklärlich macht. Ich muß annehmen, daß unser Schiff sich im Einflußbereich einer starken Meeresströmung oder eines heftigen Unterwassersogs befindet.

Ich habe dem Kapitän Auge in Auge in seiner eigenen Kajüte

gegenübergestanden, aber er schenkte mir – wie zu erwarten war – keinerlei Beachtung. Obwohl für den flüchtigen Beobachter in seiner Erscheinung nichts den Eindruck erweckt, er könne mehr oder auch weniger als ein Mensch sein, mischte sich bei mir ein unwiderstehliches Gefühl der Verehrung und Scheu in die staunende Erregung, mit der ich ihn betrachtete. An Größe kommt er mir ungefähr gleich, das heißt, er mißt etwa fünf Fuß und acht Zoll. Er ist von ebenmäßigem, kräftigem Körperbau, der weder ungefüge erscheint noch einen sonstwie auffälligen Eindruck hinterläßt. Nein, es ist die Einzigartigkeit des Ausdrucks, der sein Antlitz prägt – es ist die nachdrückliche, die wundervolle, die ergreifende, in ihrer Übersteigerung so eindrucksvolle Erscheinung hohen Alters, die in mir etwas erregt und mitschwingen läßt – ein unaussprechlich inniges Empfinden. Seine Stirn scheint, obwohl sie nur wenig zerfurcht ist, durch Myriaden von Lebensjahren gezeichnet. Seine grauen Haare sind Urkunden der Vergangenheit, seine noch graueren Augen Sibyllen der Zukunft. Der Boden der Kajüte war mit seltsamen, durch eiserne Spangen verschlossenen Folianten, zerfallenden wissenschaftlichen Geräten und veralteten, längst vergessenen Karten übersät. Er stützte das Haupt in die Hände und ließ seine Augen fieberhaft und rastlos über ein Dokument schweifen, das ich für eine Beauftragung, eine Vollmacht hielt und das jedenfalls die Unterschrift eines Monarchen trug. Er murmelte – genau wie der Seemann, den ich im Laderaum sah – leise, verdrossene Worte vor sich hin; und obwohl er dicht neben mir stand, schien seine Stimme aus der Entfernung einer Meile an mein Ohr zu dringen.

Das Schiff und alles darauf atmet den Geist längst vergangener Zeiten. Die Seeleute gleiten hin und her wie Gespenster aus begrabenen Jahrhunderten; ihre Blicke verraten Unruhe und brennendes Verlangen, und wenn ihre Gestalten im grellen Schein der Gefechtslaternen meinen Weg kreuzen, beschleicht mich ein nie zuvor empfundenes Gefühl, obwohl ich mich doch mein Leben lang mit der Vorzeit befaßt und den Geist gestürzter Säulen in Baalbek, Palmyra und Persepolis eingesogen habe, bis meine Seele selber zur Ruine wurde.

Wenn ich jetzt um mich blicke, schäme ich mich meiner früheren Ängste. Wenn ich schon vor dem Sturm zitterte, der

uns bisher begleitet hat, muß ich da nicht vor Entsetzen erstarren beim Toben eines Windes und dem Aufruhr eines Ozeans, dessen Gewalt mit Worten wie »Tornado« oder »Samum« nur ganz unzulänglich und nichtssagend bezeichnet werden kann? In der unmittelbaren Nähe des Schiffes herrscht tiefe, ewige Nacht und ein Chaos schaumloser Wassermassen; doch etwa in der Entfernung einer Meile tauchen undeutlich und unzusammenhängend auf beiden Seiten vor unseren Blicken riesige Eiswälle auf und verlieren sich hoch oben im trostlosen Himmel; sie scheinen die Grenzmauern des Weltalls zu sein.
Meine Annahme, das Schiff sei von einer Strömung erfaßt, bestätigt sich – wenn eine solche Bezeichnung einem Flutstrom gerecht werden kann, der an den weißen Eismassen heulend und kreischend entlangrast und mit der Geschwindigkeit eines hoch herabstürzenden Wasserfalls nach Süden dahindonnert.
Es scheint mir unmöglich, das Entsetzen, das mich erfaßt hat, mit Worten begreiflich zu machen; doch ist mein Drang, die Geheimnisse dieser schaudervollen Regionen zu entschleiern, noch stärker als meine Verzweiflung; er wird mir den Tod auch in seiner schrecklichsten Form erträglicher machen. Denn es ist ganz offenbar, daß wir einer unerhörten Erkenntnis entgegenrasen – einem Geheimnis, das wir nicht weitergeben können, weil seine Enthüllung mit unserer Vernichtung Hand in Hand geht. Vielleicht trägt uns die Strömung genau zum Südpol. Es läßt sich nicht leugnen, daß diese scheinbar so unsinnige Annahme alle Wahrscheinlichkeit für sich hat.
Die Mannschaft läuft rastlos und bebend auf dem Deck umher; doch sind die Gesichtszüge der Männer mehr von hoffnungsvoller Erwartung als von lähmender Verzweiflung geprägt.
Der Wind treibt uns immer noch vor sich her, und da wir eine Menge Leinwand gesetzt haben, hebt er zuweilen das Schiff buchstäblich aus dem Meere heraus! O Grauen über Grauen – das Eis öffnet sich plötzlich rechts von uns, nun auch links, und wir wirbeln mit schwindelerregender Schnelligkeit in ungeheuren konzentrischen Kreisen um ein gigantisches Amphitheater, dessen Wände sich oben in dunklen Fernen verlieren. Doch wird mir wenig Zeit bleiben, über mein

Schicksal nachzugrübeln! Die Kreise werden rasch kleiner – der Sog des Strudels zieht uns rasend schnell hinab – und inmitten des Gebrülls, Geheuls und Donnergrollens von Ozean und Wind erbebt das Schiff – o Gott! und – es sinkt!

Anmerkung: Die Erzählung »Eine Flaschenpost« wurde im Jahre 1831 zum ersten Male veröffentlicht, und erst viele Jahre später lernte ich die Landkarten von Mercator kennen, auf denen dargestellt ist, wie das Weltmeer sich in vier Mündungen in den (nördlichen) Polarschlund ergießt, um dort von den Eingeweiden der Erde verschlungen zu werden. Der Pol selbst wird durch einen schwarzen Felsen von gewaltiger Höhe dargestellt.

TADEUSZ BOROWSKI

Die steinerne Welt

IV

Heute ist Sonntag. Vor dem Mittagessen waren wir spazieren, sahen uns von oben den Versuchsblock mit den Frauen an (sie steckten die Köpfe durch die Gitter, genau wie die Kaninchen meines Vaters, das weißt Du doch noch, grau waren sie, mit einem heruntergeklappten Ohr), danach haben wir uns den SK-Block angesehen (unten im Hof ist die schwarze Mauer, vor der früher mal die Menschen erschossen wurden, heute machen sie es leiser und diskreter – im Krematorium). Wir erblickten ein paar Zivilisten: zwei verängstigte Frauen in Pelzmänteln und einen Mann mit zerknittertem, übernächtigem Gesicht. Ein SS-Mann begleitete sie – hab keine Angst – sie wurden nur in die hiesige Arrestzelle gebracht, vorübergehend, es ist im SK-Block. Die Frauen betrachteten erstaunt die Menschen in den gestreiften Anzügen und die eindrucksvollen Lagereinrichtungen: die hohen Häuser, den doppelten Stacheldraht, die Mauer hinter den Drähten, die soliden Wachttürme. Wenn sie wüßten, daß die Mauer zwei Meter tief in die Erde reicht – so sagt man wenigstens –, damit sie nicht untergraben werden kann! Wir lächelten ihnen zu, weil es doch eine Komödie ist: Ein paar Wochen brummen sie, und dann sind sie frei. Es sei denn, man könnte ihnen wirklich nachweisen, daß sie Schwarzhandel getrieben haben. Dann allerdings wandern sie ins Krematorium. Diese Zivillisten sind komische Leute. Sie reagieren beim Anblick des Lagers wie die Wildschweine beim Anblick einer Feuerwaffe. Sie verstehen nichts vom Mechanismus unseres Lebens und wittern dahinter etwas Unwahrscheinliches, etwas Mystisches, etwas, was über menschliche Kräfte geht. Weißt Du noch, wie Du Dich überrascht hingesetzt hast, als man Dich verhaftete? Du hast es mir selbst geschrieben. Ich habe damals bei Maria den ›Steppenwolf‹ gelesen (die hatte auch alle möglichen Bücher), aber ich weiß nicht mehr genau, wie es alles war.

Heute sind wir mit dem Unwahrscheinlichen, dem Mystischen, auf du und du. Das Krematorium gehört zu unserem täglichen Brot, es gibt Tausende Fälle von Phlegmonen und Tuberkulose, wir wissen, was Wind und Regen ist, Sonne und Brot und Rübensuppe und Arbeit, wir wissen, wie man es macht, daß man nicht erwischt wird, wir kennen Unfreiheit und Obrigkeit, weil wir – sozusagen – gut Freund mit der Bestie sind, und daher sehen wir die von draußen en bißchen herablassend an, wie ein Gelehrter einen Laien, wie ein Geweihter der Profanen.
Versuche einmal, den täglichen Geschehnissen ihre Alltäglichkeit zu nehmen, denke Dir die Ungläubigkeit weg und den Ekel und die Verachtung, und dann finde für das Ganze eine philosophische Formel. Für Gas und Gold, für Appelle und den Puff, für die Zivilisten und die alten Nummern.
Hätte ich Dir gesagt, damals, als wir beide in meiner kleinen Kammer tanzten, unter der orangefarbenen Lampe, nimm eine Million Menschen, nimmt zwei Millionen Menschen oder drei Millionen und töte sie, aber so, daß niemand etwas davon erfährt, selbst die Getöteten nicht, nimm einige hunderttausend Menschen gefangen, brich ihr Solidaritätsgefühl, hetze einen Menschen auf den anderen Menschen und ... Du hättest mich glatt für verrückt erklärt und wahrscheinlich sogar aufgehört, mit mir zu tanzen. Ich hätte es natürlich niemals gesagt, auch dann nicht, wenn ich damals schon ein Lager gekannt hätte, denn damit hätte ich die Stimmung verdorben.
Und hier, schau: zuerst eine gewöhnliche Scheune, weiß gestrichen und – darin werden Menschen vergast. Dann vier größere Gebäude – zwanzigtausend, wie ein Kinderspiel. Ohne Zauber, ohne Giftmischerei, ohne Hypnose. Ein paar Kerle, die den Verkehr regeln, damit es keine Stauungen gibt, und die Menschen fließen dahin wie Wasser aus dem aufgedrehten Wasserhahn. Das alles geschieht unter ein paar blutarmen Bäumchen eines schütteren, verqualmten Waldes. Gewöhnlich bringen schwere Lastwagen die Menschen heran, kehren um wie auf einem Fließband und bringen neue. Ohne Zauber, ohne Giftmischerei, ohne Hypnose.
Wie kommt es, daß keiner aufschreit, niemand einem ins Gesicht spuckt, niemand sich auflehnt? Wir ziehen unsere

Mützen vor den ss-Männern, wenn sie fertiggezählt haben und aus dem Wald zurückkommen, wir gehen mit ihnen in den Tod und – nichts! Wir hungern, wir stehen im Regen, man nimmt uns unser Liebstes. Siehst Du, das ist die Mystik. Das ist die sonderbare Macht eines Menschen über einen anderen. Die wilde Überrumpelung, die keiner brechen kann. Und die einzige Waffe, die wir haben, ist unsere Zahl – wir sind zu viele, die Kammern fassen uns nicht.

Oder noch anders: einen Spatenstiel in die Gurgel, und hundert Menschen pro Tag. Oder Suppe aus Brennesseln, Brot mit Margarine, danach ein junger ss-Mann mit einem zerknitterten Papierchen in der Pranke, eine Nummer, in den Arm tätowiert, und dann ein Laster, einer von denen... Weißt Du, wann man zum letztenmal die »Arier« ins Gas geschickt hat? Am elften April; und weißt Du, wann wir ins Lager gekommen sind? Am neunundzwanzigsten April. Was wäre wohl aus Deiner Lungenentzündung geworden, wenn wir drei Monate früher gekommen wären?

... ich weiß, daß Deine Freundinnen, die mit Dir zusammen auf der Pritsche liegen, sich über meine Worte wundern werden. »Du hast doch gesagt, Dein Tadek sei ein gemütlicher, heiterer Bursche. Und da schau mal, was er für düstere Sachen sagt.« Bestimmt sind sie mir böse. Aber man kann doch reden über das, was um uns herum geschieht. Wir sind es doch nicht, die das Böse leichtfertig und unverantwortlich heraufbeschwören, wir stecken doch mittendrin...

... siehst Du, wieder ein später Abend nach einem Tag voll sonderbarer Ereignisse.

Nach dem Mittagessen habe ich mich auf den Weg gemacht, zum Boxkampf, in die große Waschraumbaracke, in der früher vergast wurde. Wir wurden ohne weiteres hineingelassen, obwohl die Baracke bereits zum Bersten voll war. Im großen Warteraum hatte man den Ring errichtet. Flutlicht von oben, der Richter (nebenbei bemerkt ein polnischer Olympia-Richter) da, die Boxer von internationalem Ruhm, aber alles nur Arier, Juden dürfen nicht auftreten. Und die Menschen – dieselben Menschen, die Tag für Tag den anderen Zähnen einschlagen, die selbst manchmal zahnlose Kiefer haben –, die begeistern sich für Czortek, für Walter aus Hamburg und für irgendeinen Bengel, den man im Lager bis zur großen Klasse trainiert hat. Heute noch erzählt man sich bei uns von der Nummer 77, einem Mann, der hier die Deutschen klopfte, wie er wollte, und der sich im Ring für alles rächte, was den anderen draußen angetan wurde. Der Saal war blau von Zigarettenqualm, und die Boxer trommelten aufeinander los, was das Zeug hielt. Zwar nicht fachmännisch, dafür aber mit um so größerem Aufwand.

»Der Walter«, sagt Staschek, »schau nur hin. Auf dem Kommando legt er den Muselmanen mit einem Schlag um, wenn er will, und hier – drei Runden und nichts. Hat auch noch eins in die Fresse gekriegt. Offenbar zuviel Zuschauer, was?«

Zuschauer waren wirklich viele, zusammengepfercht bis zum Ersticken, und wir – schön bequem in der ersten Reihe. Natürlich – Gäste.

Gleich nach dem Boxkampf bin ich zur Konkurrenz gegangen – zum Konzert. Ihr dort, in Euerem Birkenau, Ihr habt überhaupt keine Ahnung, welche Wunder an Kultur man hier, ein paar Kilometer von den Krematorien, erleben kann. Stelle Dir nur vor: Sie spielen die Ouvertüre zum ›Tancred‹ und danach etwas von Berlioz und noch irgendwelche Finnischen Tänze von einem Kerl, dessen Name zu viele aaa's hat. So ein Orchester gibt es in ganz Warschau nicht! Aber laß mich der Reihe nach erzählen, und höre gut zu, es lohnt sich. Also zuerst kam ich aus dem Waschraum, freudig erregt, und ging gleich in den Block, in dem auch der Puff ist. Direkt unter dem Puff ist der Konzertsaal. Es war ziemlich voll und laut hier, die Zuhörer standen an den Wänden entlang, die Musiker stimmten ihre Instrumente, jeder saß dort, wo es gerade Platz gab, verstreut über den ganzen Saal. Gegenüber dem Fenster ist ein kleines, erhöhtes Podium, der Küchenkapo (zugleich Kapellmeister) kletterte da hinauf, die Kartoffelschäler und der Kerl von der Rollwaage (das habe ich vergessen, die Musiker schälen sonst Kartoffeln und bedienen die Loren) fingen an zu spielen. Ich konnte mich gerade noch zwischen das Fagott und die zweite Klarinette setzen, und schon ging's los. Ich hockte also auf dem unbesetzten Stühlchen der ersten Klarinette und gab mich ganz dem Lauschen hin. Du würdest es nie für möglich halten, wie mächtig ein dreißigköpfiges Orchester in einem großen Zimmer klingt! Der Kapellmeister schwang seinen Taktstock sehr gemäßigt, damit er nicht mit der Hand gegen die Wand käme, dazwischen drohte er mit geballter Faust jedem, der falsch spielte. Bei den Kartoffeln werden sie es ja kriegen! Aus einer Ecke dröhnte die Trommel, aus der anderen Ecke tönten die Timpani, beide taten, was sie konnten, um alles noch zu retten. Das Fagott übertönte alles, vielleicht deswegen, weil ich dicht daneben saß. Nur noch die Timpani waren zu hören. Die fünfzehn Zuhörer (mehr Leute gingen nicht hinein) lauschten mit sachkundiger Hingabe und belohnten die Musiker mit sparsamem Applaus ... Irgend jemand nannte unser Lager »Betrugslager« – das Lager der Schwindler. Eine dünne Hecke neben dem weißen Haus, der Vorplatz wie in einem Dorf, Tafeln mit der Inschrift »Bad« – das reicht schon, um Millionen Menschen zu täuschen, bis zum Tod. Ein bißchen Boxen, magere Rasenstreifen vor den Blocks, zwei Mark monatlich für die fleißigsten Häftlinge, Senf in der Kantine, wöchentliche Entlausung und die ›Tancred‹-Ouvertüre reichen, um die ganze Welt zu täuschen – uns auch. Die draußen meinen zwar, es sei abscheulich, aber doch nicht so abscheulich, daß man es nicht aushalten könnte – wo es doch Boxen gibt, Rasenstreifen und Decken auf den Pritschen ... Auch der Brotkanten trügt, den man sich besorgen muß, damit man am Leben bleibt.

Die Arbeitszeit trügt, während der man weder sitzen noch reden noch ausruhen darf. Betrug ist jede Schaufel Erde, die wir – nicht ganz voll – auf den aufgeschütteten Wall heben.

Sieh Dir das alles an, und verliere nicht den Mut, wenn es Dir schlecht geht.

Denn es könnte ja sein, daß wir einmal darüber berichten müssen, daß wir einmal den Lebenden Rechenschaft abgeben müssen und daß wir uns zur Verteidigung der Toten erheben müssen.

Früher einmal marschierten wir im Kommando ins Lager zurück. Und ein Orchester spielte dazu schmissige Märsche. Dann kamen DAW und andere Kommandos und warteten vor dem Tor; zehntausend Männer. Gerade in dem Augenblick rollten Lastwagen vom Frauen-KZ herüber und brachten nackte Frauen. Die Frauen rangen die Hände und riefen: »Helft uns! Rettet uns! Wir werden vergast! Hilfe!«

Und sie fuhren an uns vorüber – an zehntausend schweigenden Männern. Kein Mensch rührte sich, keine Hand hob sich. Weil die Lebenden immer recht haben und die Toten nie.

V

Zuerst waren wir im Kursus. Das heißt, im Kursus sind wir eigentlich schon lange, nur habe ich Dir nie etwas darüber geschrieben, weil er oben im Dachgeschoß stattfindet, wo es ziemlich kalt ist. Wir sitzen auf organisierten Stühlen und haben jede Menge Spaß, hauptsächlich mit großen Modellen des menschlichen Körpers. Die Neugierigen schauen zu, wie das Ganze aussieht, aber Witek und ich spielen mit dem Schwamm und fechten mit den Linealen, und unser kleiner Adolf wird langsam verrückt. Er fuchtelt mit den Händen und faselt von Kameradschaft und Lager. Wir setzen uns also still in die Ecke, Witek holt das Photo seiner Frau aus der Tasche und fragt mich leise:

»Ich möcht wissen, wieviel Männer er eigentlich in Dachau umgebracht hat. Sonst hätte man ihn nicht hierher versetzt. Könntest du ihn erwürgen?«

»Hm – hübsche Frau hast du. Wie bist du zu einem so hübschen Mädchen gekommen?«

»Das war so. Einmal waren wir spazieren. Du weißt, wie das ist. Alles grün, schmaler Seitenweg, ringsherum nur Wald. Wir gehen dicht aneinandergeschmiegt, und da stürzt plötzlich ein ss-Hund aus dem Wald ...«

»Nun mach mal einen Punkt! Das war doch in Pruszkow, nicht in Auschwitz.«

»Doch, tatsächlich ein ss-Hund. Nebenan war eine Villa, und der ss-Mann hatte sie beschlagnahmt. Und das Vieh raste auf das Mädel los! Was hättest du getan? Ich schnappte mir den Revolver, ballerte auf den Köter los, dann packte ich das Mädchen bei der Hand und sagte: ›Komm, schnell!‹ Und Irene steht wie angewachsen, macht große Augen und fragt mich: ›Woher hast du denn das?‹ Ich konnte sie gerade noch rechtzeitig wegbekommen, von der Villa her kamen schon Stimmen. Wir liefen über die Felder wie zwei Hasen. Ich brauchte ewig, um Irene zu erklären, daß man in meinem Beruf ohne ein Schießeisen nicht auskäme.«

Zwischendurch erzählt einer der vortragenden Doktoren etwas über Schleimhäute und sonstiges Zeug, was der Mensch drinnen hat, und Witek berichtet unbekümmert weiter:

»Ich bekam Streit mit meinem Freund. Er oder ich, dachte ich. Er dachte ebenso, ich kannte ihn gut. Ich schlich ihm

nach, drei Tage lang, und meine einzige Sorge war, ob mir jemand im Rücken saß. Abends auf der Chmielnastraße habe ich ihn endlich erwischt, aber leider nicht so getroffen, wie ich hätte treffen müssen. Am nächsten Tag kommt er an, die Hand in der Schlinge, und schaut mich von unten an. ›Bin gestolpert‹, sagt er.«
»Und du?« frage ich, weil es eine äußerst aktuelle Geschichte war.
»Nichts. Ich wurde ja gleich eingesperrt.«
Schwer zu sagen, ob sein Freund nachgeholfen hatte oder nicht, aber Witek gab sich nicht geschlagen. Noch auf dem Pawiak war er Pipel bei Kronschmidt: das ist der, welcher mit einem Ukrainer zusammen die Juden folterte. Kannst Du Dich an die Keller im Pawiak erinnern? Die eisernen Böden? Auf diesen Böden mußten die Juden robben, hin und zurück, nackt, nach dem Baden, wenn sie richtig erhitzt waren. Hast Du jemals Soldatenstiefel von unten gesehen? Weißt Du, wieviel Nägel in jeder Sohle sitzen? Kronschmidt stieg den robbenden Juden mit solchen Stiefeln auf die Rücken und ließ sich herumfahren. Für uns Arier war es etwas leichter. Robben mußte ich zwar auch, aber über einen anderen Boden, und keiner ließ sich von mir spazierenfahren. Wir hatten nur Gymnastik. Jeden zweiten Tag eine Stunde. Eine Stunde lang: um den Hof herumlaufen, hinlegen, auf die Hände stützen. Gute Turnübung, wie auf der Schule.
Meine persönliche Bestleistung: sechsundsiebzigmal aufstützen und Schmerzen bis zur nächsten Stunde. Aber die schönste Übung, die ich überhaupt kenne, ist das Gesellschaftsspiel »Flieger in Deckung«. Man stellt sich auf, zu zweit, dicht hintereinander, so daß die Brust des einen den Rücken des anderen berührt, auf den Schultern eine Leiter, die man aber nur mit einer Hand festhalten kann. Auf das Wort »Flieger in Deckung« lassen sich alle Mann zu Boden fallen, ohne die Leiter von den Schultern zu verlieren. Läßt einer los, stirbt er unter dem Knüppel oder wird von den Hunden zu Tode gehetzt. Dann klettert ein ss-Mann auf die Leiter und spaziert auf und ab über die Sprossen, immer wieder auf und ab. Schließlich müssen sich die Männer wieder erheben und wieder fallen lassen, ohne die Reihe durcheinanderzubringen.
Siehst Du, das alles klingt so unwahrscheinlich: kilometer-

weit Purzelbäume schlagen – wie in Sachsenhausen, stundenlang über den Boden rollen, Hunderte von Kniebeugen machen, ganze Tage und Nächte lang unbeweglich auf einer Stelle stehen, monatelang in einem Betonsarg sitzen, im Bunker, oder an den Händen festgebunden auf einem Pfosten aufgehängt werden oder an einem Draht, den man zwischen zwei Stühlen gespannt hat, man springt wie ein Frosch oder kriecht wie eine Schlange auf dem Boden herum, man trinkt ganze Eimer Wasser, bis man ertrinkt, erduldet Tausende von Schlägen, verteilt von tausend verschiedenen Menschen mit tausend verschiedenen Stöcken, Peitschen, Knüppeln, Ruten – und sieh mal, ich höre atemlos zu, wenn man mir Berichte aus Gefängnissen erzählt, die kein Mensch kennt, die irgendwo in der Provinz liegen: Malkinia, Suwalki, Radom, Pulawy, Lublin – eine unheimlich entwickelte Foltertechnik, und ich weigere mich zu glauben, daß diese Erfindung dem menschlichen Kopf entsprang wie einst die Minerva dem Kopf des Jupiter. Ich kann diese plötzliche Mordlust nicht verstehen, die man offenbar bei allen Betrachtungen über Atavismus übersehen hat.

Und noch etwas: der Tod. Man hat mir von einem Lager erzählt, wo jeden Tag neue Transporte ankamen, ich weiß nicht mehr, wieviel Menschen pro Tag. Das Lager hatte eine bestimmte Zuteilung von Portionen, ich weiß nicht mehr, wieviel, vielleicht drei-, vielleicht viertausend, und der Lagerkommandant wollte nicht, daß seine Leute Hunger hatten. Jeder Häftling mußte seine Portion bekommen. Auf diese Weise waren jeden Tag soundso viele Menschen im Lager zuviel. Jeden Abend wurde in jeder einzelnen Baracke gelost, entweder mit Karten oder mit Würfeln, die aus Brot geknetet waren. Diejenigen, auf die das Los fiel, gingen am nächsten Tag nicht zur Arbeit. Um die Mittagszeit brachte man sie aus dem Lager hinaus, und sie wurden erschossen.

Und mitten in diesem Massenatavismus steht ein Mensch aus einer anderen Welt, einer, der konspiriert, damit es keine Verschwörungen mehr gebe, der stiehlt, damit es keinen Raub mehr gebe unter Menschen, einer, der mordet, damit Menschen nicht mehr gemordet würden.

Witek war so einer, ein Mensch aus einer anderen Welt, und dabei Pipel von Kronschmidt, dem schlimmsten Henker von Pawiak. Jetzt sitzt er neben mir und lauscht andächtig, wenn man ihm erzählt, was ein Mensch drinnen hat und wie man es mit Hausmitteln wieder zurechtbastelt, wenn dieses Etwas kaputtgeht. Dann gab es einen Zwischenfall. Der Doktor wandte sich an Staschek, das ist der, der ein wahres Wunder im Organisieren ist, und befahl ihm, etwas über die Leber zu sagen. Staschek sagte etwas über die Leber, aber es war falsch.

Der Doktor sagte:

»Sie antworten auf meine Frage sehr dumm. Außerdem könnten Sie aufstehen.«

»Ich sitze im Lager, also kann ich auch im Kursus sitzen«, sagte Staschek und wurde rot. »Und außerdem, hören Sie auf, mich zu beleidigen.«

»Schweigen Sie, Sie sind im Kursus.«

»Sicher, das könnte Ihnen so passen, daß ich schweige. Weil ich sonst etwas darüber ausplaudern könnte, was Sie im Lager gemacht haben.«

Daraufhin fingen wir anderen an, auf unsere Tische zu hämmern, und der Doktor rannte davon. Unser Adolf kam, hielt uns eine lange Rede von seiner Kameradschaft, dann gingen wir zurück in unseren Block, ausgerechnet mitten im Verdauungssystem. Staschek machte sich sofort auf die Beine, zu seinen zahlreichen Freunden, damit ihm der Doktor keine Knüppel zwischen die Beine werfen konnte. Staschek hat einflußreiche Freunde im Lager, dem Doktor dürfte es schwerfallen, ihm eins auszuwischen. Das einzig Wichtige aus der Anatomielehre: Wer eine gute Rückendeckung hat, dem kann nicht viel passieren. Und der Doktor sollte lieber aufpassen, seine Position ist nicht die allerbeste: Er hat Chirurgie an den Kranken studiert. Wie viele er für die Wissenschaft zu Tode geschnitten hat und wie viele er aus Unkenntnis unter die Erde brachte, ist schwer zu sagen. Aber sicher eine ganze Menge, denn im Krankenrevier herrscht immer Gedränge, und das Leichenhaus ist immer voll.

Du wirst beim Lesen sicher glauben, ich hätte die Welt draußen, bei uns zu Hause, schon ganz vergessen. Ich schreibe und schreibe nur vom Lager, von den kleinen Episoden aus dem Lager, und suche nach deren Sinn, als gäbe es keine andere Welt mehr, als hätte es nie eine andere Welt gegeben, als wartete nichts mehr auf uns...

Kannst Du dich noch an unser Zimmer erinnern? Die Thermosflasche, die Du mir gekauft hast? Sie war zu groß – ein Liter Inhalt – und ging nicht in meine Tasche, und am Ende, sehr zu Deiner Empörung, wanderte sie unters Bett. Und weißt Du noch, damals, das Sieb in Zolibor, als Du mich den ganzen Tag über telefonisch auf dem laufenden hieltest? Wie die Leute aus den Straßenbahnen herausgeholt wurden, und wie Du eine Haltestelle zuvor ausgestiegen warst, wie sie einen Wohnblock umstellten und Du durch den Hinterausgang entwischen konntest? Bis zur Weichsel bist Du damals gelaufen. Und wie Du mir gesagt hast, als ich damals über den Krieg klagte, über die Barbarei und über die Generation der Idioten, zu der wir heranwuchsen:

»Denk an die, die im Lager sind. Wir vergeuden nur unsere Zeit, und sie leiden.«

Es war viel Naivität in dem, was ich damals sagte, es war kindisch und selbstsüchtig. Aber ich glaube doch, daß wir unsere Zeit nicht vergeudet hatten. Trotz allem, was der Krieg mit sich brachte, lebten wir in einer anderen Welt. In einer Welt, die vielleicht erst kommen wird. Verzeihe, wenn meine Worte zu kühn sind. Vielleicht sitzen wir hier, damit diese neue, andere Welt einmal kommen kann. Oder glaubst Du, daß wir auch nur einen einzigen Tag im Lager säßen, wenn wir nicht die Hoffnung hätten, daß diese neue Welt einmal kommt und daß die Menschenrechte wieder zurückkehren zu den Menschen? Die Hoffnung ist es, die den Menschen befiehlt, gleichgültig in die Gaskammer zu gehen; die sie davon abhält, Aufruhr zu planen; Hoffnung macht sie tot und stumpf. Hoffnung befiehlt den Müttern, sich von ihren Kindern loszusagen, den Frauen, sich für ein Stück Brot zu verkaufen, den Männern, Menschen zu töten. Die Hoffnung treibt sie dazu, um jeden weiteren Tag des Lebens zu kämpfen, weil es gerade der kommende Tag sein könnte, der die Freiheit bringt. Vielleicht nicht einmal die Hoffnung auf eine neue, bessere Welt, sondern nur noch die Sehnsucht nach einem Leben, in dem es wieder Ruhe und Frieden gibt. Noch nie war die Hoffnung stärker als der Mensch, aber noch nie hat sie soviel Böses heraufbeschworen wie in diesem Krieg, wie in diesem Lager. Man hat uns nicht gelehrt, die Hoffnung aufzugeben. Deswegen sterben wir im Gas.

Schau doch, wie originell die Welt ist, in der wir leben: Wie wenig Menschen es in Europa gibt, die noch nie einen anderen

Menschen getötet haben. Und wie wenig Menschen es gibt, die nicht ein anderer umbringen möchte!
Und wir sehnen uns nach einer Welt, in der es wieder Liebe unter Menschen gibt, wir möchten uns von unseren Instinkten ausruhen. Offenbar ist es das Recht der Liebe und der Jugend.

PS

Aber zuerst, weißt Du, möchte ich dem einen oder dem anderen die Gurgel durchschneiden, nur so, einfach um die Lagerpsychose loszuwerden, um den Lagerkomplex zu überwinden, den Komplex des ewigen Mützeziehens, des ohnmächtigen Zusehen-müssens, wenn wehrlose Menschen erschlagen und gemordet werden, den Komplex der Angst. Ich fürchte, wir werden das alles nie wieder los. Ich weiß nicht, ob wir es überleben, aber ich wünsche, daß wir einmal wieder soweit sind, daß wir die Dinge beim richtigen Namen nennen, wie es mutige Menschen tun.

ZBIGNIEW HERBERT

Das Verhör des Engels

Wenn er vor ihnen steht
im schatten des verdachts
ist er noch ganz
aus der materie des lichts

die äonen seiner haare sind
zu einem büschel
der unschuld gebunden

nach der ersten befragung
steigt ihm das blut in die wangen

werkzeug und zwischenfragen
treiben das blut auseinander

mit eisenrohr
offenem feuer
werden die grenzen
seines körpers markiert

der schlag in den rücken
bestärkt das rückgrat
zwischen wolke und pfütze

nach einigen nächten
ist das werk vollendet
die lederne gurgel des engels
ist voll von klebriger fügung

wie schön
wenn er auf die knie fällt
einverleibt in die schuld
durchtränkt von einsicht

die zunge zögert
zwischen den ausgeschlagenen zähnen
und dem geständnis

sie hängen ihn mit dem Kopf nach unten

wachstropfen rinnen
vom haar des engels
und bilden am fußboden eine
einfache prophezeiung

ROBERT MUSIL

Das Fliegenpapier

Das Fliegenpapier Tangle-foot ist ungefähr sechsunddreißig Zentimeter lang und einundzwanzig Zentimeter breit; es ist mit einem gelben, vergifteten Leim bestrichen und kommt aus Kanada. Wenn sich eine Fliege darauf niederläßt – nicht besonders gierig, mehr aus Konvention, weil schon so viele andere da sind – klebt sie zuerst nur mit den äußersten, umgebogenen Gliedern aller ihrer Beinchen fest. Eine ganz leise, befremdliche Empfindung, wie wenn wir im Dunkel gingen und mit nackten Sohlen auf etwas träten, das noch nichts ist als ein weicher, warmer, unübersichtlicher Widerstand und schon etwas, in das allmählich das grauenhaft Menschliche hineinflutet, das Erkanntwerden als eine Hand, die da irgendwie liegt und uns mit fünf immer deutlicher werdenden Fingern festhält.
Dann stehen sie alle forciert aufrecht, wie Tabiker, die sich nichts anmerken lassen wollen, oder wie klapprige alte Militärs (und ein wenig o-beinig, wie wenn man auf einem scharfen Grat steht). Sie geben sich Haltung und sammeln Kraft und Überlegung. Nach wenigen Sekunden sind sie entschlossen und beginnen, was sie vermögen, zu schwirren und sich abzuheben. Sie führen diese wütende Handlung so lange durch, bis die Erschöpfung sie zum Einhalten zwingt. Es folgt eine Atempause und ein neuer Versuch. Aber die Intervalle werden immer länger. Sie stehen da, und ich fühle, wie ratlos sie sind. Von unten steigen verwirrende Dünste auf. Wie ein kleiner Hammer tastet ihre Zunge heraus. Ihr Kopf ist braun und haarig, wie aus einer Kokosnuß gemacht; wie menschenähnliche Negeridole. Sie biegen sich vor und zurück auf ihren festgeschlungenen Beinchen, beugen sich in den Knien und stemmen sich empor, wie Menschen es machen, die auf alle Weise versuchen, eine zu schwere Last zu bewegen; tragischer als Arbeiter es tun, wahrer im sportlichen Ausdruck der äußersten Anstrengung als Laokoon. Und dann kommt der immer gleich seltsame Augenblick, wo

das Bedürfnis einer gegenwärtigen Sekunde über alle mächtigen Dauergefühle des Daseins siegt. Es ist der Augenblick, wo ein Kletterer wegen des Schmerzes in den Fingern freiwillig den Griff der Hand öffnet, wo ein Verirrter im Schnee sich hinlegt wie ein Kind, wo ein Verfolgter mit brennenden Flanken stehen bleibt. Sie halten sich nicht mehr mit aller Kraft ab von unten, sie sinken ein wenig ein und sind in diesem Augenblick ganz menschlich. Sofort werden sie an einer neuen Stelle gefaßt, höher oben am Bein oder hinten am Leib oder am Ende eines Flügels.
Wenn sie die seelische Erschöpfung überwunden haben und nach einer kleinen Weile den Kampf um ihr Leben wieder aufnehmen, sind sie bereits in einer ungünstigen Lage fixiert, und ihre Bewegungen werden unnatürlich. Dann liegen sie mit gestreckten Hinterbeinen auf den Ellbogen gestemmt und suchen sich zu heben. Oder sie sitzen auf der Erde, aufgebäumt, mit ausgestreckten Armen, wie Frauen, die vergeblich ihre Hände aus den Fäusten eines Mannes winden wollen. Oder sie liegen auf dem Bauch, mit Kopf und Armen voraus, wie im Lauf gefallen, und halten nur noch das Gesicht hoch. Immer aber ist der Feind bloß passiv und gewinnt bloß von ihren verzweifelten, verwirrten Augenblicken. Ein Nichts, ein Es zieht sie hinein. So langsam, daß man dem kaum zu folgen vermag, und meist mit einer jähen Beschleunigung am Ende, wenn der letzte innere Zusammenbruch über sie kommt. Sie lassen sich dann plötzlich fallen, nach vorne aufs Gesicht, über die Beine weg; oder seitlich, alle Beine von sich gestreckt; oft auch auf die Seite, mit den Beinen rückwärts rudernd. So liegen sie da. Wie gestürzte Aeroplane, die mit einem Flügel in die Luft ragen. Oder wie krepierte Pferde. Oder mit unendlichen Gebärden der Verzweiflung. Oder wie Schläfer. Noch am nächsten Tag wacht manchmal eine auf, tastet eine Weile mit einem Bein oder schwirrt mit dem Flügel. Manchmal geht solch eine Bewegung über das ganze Feld, dann sinken sie alle noch ein wenig tiefer in ihren Tod. Und nur an der Seite des Leibs, in der Gegend des Beinansatzes, haben sie irgendein ganz kleines, flimmerndes Organ, das lebt noch lange. Es geht auf und zu, man kann es ohne Vergrößerungsglas nicht bezeichnen, es sieht wie ein winziges Menschenauge aus, das sich unaufhörlich öffnet und schließt.

PETER HUCHEL

An taube Ohren der Geschlechter

Es war ein Land mit hundert Brunnen.
Nehmt für zwei Wochen Wasser mit.
Der Weg ist leer, der Baum verbrannt.
Die Öde saugt den Atem aus.
Die Stimme wird zu Sand
Und wirbelt hoch und stützt den Himmel
Mit einer Säule, die zerstäubt.

Nach Meilen noch ein toter Fluß.
Die Tage schweifen durch das Röhricht
Und reißen Wolle aus den schwarzen Kerzen.
Und eine Haut aus Grünspan schließt
Das Wasserloch,
Als faule Kupfer dort im Schlamm.

Denk an die Lampe
Im golddurchwirkten Zelt des jungen Afrikanus:
Er ließ ihr Öl nicht länger brennen,
Denn Feuer wütete genug,
Die siebzehn Nächte zu erhellen.

Polybios berichtet von den Tränen,
Die Scipio verbarg im Rauch der Stadt.
Dann schnitt der Pflug
Durch Asche, Bein und Schutt.
Und der es aufschrieb, gab die Klage
An taube Ohren der Geschlechter.

Psalm

Daß aus dem Samen des Menschen
Kein Mensch
Und aus dem Samen des Ölbaums
Kein Ölbaum
Werde,
Es ist zu messen
Mit der Elle des Todes.

Die da wohnen
Unter der Erde
In einer Kugel aus Zement,
Ihre Stärke gleicht
Dem Halm
Im peitschenden Schnee.

Die Öde wird Geschichte.
Termiten schreiben sie
Mit ihren Zangen
In den Sand.

Und nicht erforscht wird werden
Ein Geschlecht,
Eifrig bemüht,
Sich zu vernichten.

Quellenverzeichnis

JEAN AMÉRY
Das Prinzip Hybris (S. 124).
Aus: Gewalt und Gefahr der Utopie, in: Merkur. Deutsche Zeitschrift für europäisches Denken. Heft 5, 23. Jg., Mai 1969, S. 412–419.
Abdruck mit freundlicher Genehmigung der Verlagsgemeinschaft Ernst Klett – J. G. Cotta'sche Buchhandlung Nachfolger GmbH, Stuttgart.

CHARLES BAUDELAIRE
Kleine Gedichte in Prosa (S. 39).
Aus: Kleine Gedichte in Prosa. Aus dem Französischen von Dieter Bassermann. Berlin & Buxtehude 1947, S. 90; 1–13; 55–56.

WALTER BENJAMIN
Berliner Kindheit um Neunzehnhundert (S. 28).
Aus: Illuminationen. Frankfurt am Main 1967, S. 299–309.
Abdruck mit freundlicher Genehmigung des Suhrkamp Verlags, Frankfurt am Main.

ERNST BLOCH
Der Rücken der Dinge (S. 157).
Aus: Spuren. Frankfurt am Main 1976, S. 215–220.
Abdruck mit freundlicher Genehmigung des Suhrkamp Verlags, Frankfurt am Main.

NICOLAS BORN
Entsorgt (S. 119),
Fortsetzungsgeschichte (S. 121).
Aus: Gedichte 1967–1978. Copyright © 1978 by Rowohlt Verlag GmbH, Reinbek b. Hamburg.
Abdruck mit freundlicher Genehmigung der Rowohlt Verlag GmbH, Reinbek b. Hamburg.

TADEUSZ BOROWSKI
Die steinerne Welt (S. 186).
Aus: Die steinerne Welt. Aus dem Polnischen von Vera Cerny. München 1963, S. 148–161.
Abdruck mit freundlicher Genehmigung des Verlags R. Piper & Co., München.

BERTOLT BRECHT
Bei der Nachricht von der Erkrankung eines mächtigen Staatsmanns (S. 161)
Aus: Gesammelte Werke. Frankfurt am Main 1967, S. 42.
Abdruck mit freundlicher Genehmigung des Suhrkamp Verlags, Frankfurt am Main.

GEORG BÜCHNER
Woyzeck (S. 67).
Aus: Sämtliche Werke und Briefe. Historisch-kritische Ausgabe mit Kommentar. Hamburg 1967, Bd. 1, S. 427.

ADELBERT VON CHAMISSO
Reise um die Welt (S. 57).
Aus: Reise um die Welt. Berlin 1975, S. 178–184, 424–431.

ERWIN CHARGAFF
Goethe oder Die gefolterte Natur (S. 145).
Aus: Unbegreifliches Geheimnis. Stuttgart 1979, ²1981. S. 201–203.
Abdruck mit freundlicher Genehmigung der Verlagsgemeinschaft Ernst Klett – J. G. Cotta'sche Buchhandlung Nachfolger GmbH, Stuttgart.

ZBIGNIEW HERBERT
Russisches Märchen (S. 66),
Klassiker (S. 66),
Das Verhör des Engels (S. 197).
Aus: Inschrift. Aus dem Polnischen von Karl Dedecius. Frankfurt am Main 1967, S. 72; 38; 98–99.
Abdruck mit freundlicher Genehmigung des Suhrkamp Verlags, Frankfurt am Main.

PETER HUCHEL
An taube Ohren der Geschlechter (S. 201).
Psalm (S. 202).
Aus: Chausseen Chausseen. Gedichte. Frankfurt am Main 1963, S. 77; 84.
Abdruck mit freundlicher Genehmigung der S. Fischer Verlag GmbH, Frankfurt am Main.

FRANZ KAFKA
Tagebücher (S. 14; 117; 169).
Aus: Tagebücher 1910–1923. Herausgegeben von Max Brod. Frankfurt am Main 1967, S. 496–499; 356; 352–355.
Abdruck mit freundlicher Genehmigung der S. Fischer Verlag GmbH, Frankfurt am Main.

EGON ERWIN KISCH
Den Golem wiederzuerwecken (S. 96).
Aus: Geschichten aus sieben Ghettos. Gesammelte Werke in Einzelausgaben, Band VI. Berlin und Weimar 1973, S. 123–136.
Abdruck mit freundlicher Genehmigung des Aufbau-Verlags, Berlin und Weimar.

SIEGFRIED KRACAUER
Lokomotive über der Friedrichstraße (S. 162),
Die Unterführung (S. 166).
Aus: Straßen in Berlin und anderswo. Frankfurt am Main 1964, S. 41–43; 48–50.
Abdruck mit freundlicher Genehmigung des Suhrkamp Verlags, Frankfurt am Main.

NIKOLAUS LENAU
Herbst (S. 123).
Aus: Nikolaus Lenaus sämtliche Werke in zwei Teilen.
Hesse und Becker Verlag, Leipzig o.J.

GUSTAV MEYRINK
Der Golem (S. 80).
Aus: Der Golem. München 1979, S. 15–25, 45–58.
Abdruck mit freundlicher Genehmigung der Albert Langen – Georg Müller Verlag GmbH, München.

MONTAIGNE
Über die Einsamkeit (S. 44),
Über die Kannibalen (S. 51).
Aus: Die Essays. Aus dem Französischen von Arthur Franz. Leipzig 1953, S. 97–105; 86–92.

ROBERT MUSIL
Das Fliegenpapier (S. 199).
Aus: Gesammelte Werke, Bd. 7. Copyright © 1978 by Rowohlt Taschenbuch Verlag GmbH, Reinbek b. Hamburg.
Abdruck mit freundlicher Genehmigung der Rowohlt Taschenbuch GmbH, Reinbek b. Hamburg.

EDGAR ALLAN POE
Eine Flaschenpost (S. 173).
Aus: Ausgewählte Erzählungen. Deutsch von Werner Beyer. Berlin 1974, S. 5–19.
Abdruck mit freundlicher Genehmigung der Dieterich'schen Verlagsbuchhandlung, Leipzig.

MARCEL PROUST
Auf der Suche nach der verlorenen Zeit (S. 18).
Aus: Auf der Suche nach der verlorenen Zeit. Ausgabe in zehn Bänden. Band I. In Swanns Welt. Aus dem Französischen von Eva Rechel-Mertens. Frankfurt am Main 1979. S. 82–93.
Abdruck mit freundlicher Genehmigung des Suhrkamp Verlags, Frankfurt am Main.

CARL SANDBURG
They ask: Is God, too, Lonely?/Mancher fragt: Ist Gott auch einsam? (S. 70),
Buffalo Dusk/Büffel-Dämmerung (S. 72),
The hangman at home/Der Henker zu Hause (S. 74).
People who must/Menschen unter Zwang (S. 76),
Hats/Hüte (S. 78).
Aus: Guten Morgen, Amerika.
Aus dem Amerikanischen von Alfred Czach. München 1948.
Abdruck mit freundlicher Genehmigung des F. A. Herbig Verlags, München.

GERSHOM SCHOLEM
Der Golem von Prag und der Golem von Rehovot (S. 109).
Aus: Judaica 2. Essays. Frankfurt am Main 1970, S. 77–86.
Abdruck mit freundlicher Genehmigung des Suhrkamp Verlags, Frankfurt am Main.

ITALO SVEVO
Zeno Cosini (S. 12).
Aus: Zeno Cosini. Aus dem Italienischen von Piero Rismondo. Copyright © 1959 by Rowohlt Verlag GmbH, Reinbek b. Hamburg.
Abdruck mit freundlicher Genehmigung der Rowohlt Verlag GmbH, Reinbek b. Hamburg.

KURT TUCHOLSKY
Über Naturauffassung (S. 147).
Aus: Gesammelte Werke, Bd. II, S. 668 ff.
Heimat (S. 153).
Aus: Gesammelte Werke, Bd. III, S. 312 ff.
Copyright © 1960 by Rowohlt Verlag GmbH, Reinbek b. Hamburg.
Abdruck mit freundlicher Genehmigung der Rowohlt Verlag GmbH, Reinbek b. Hamburg.

CÉSAR VALLEJO
Schwarzer Stein auf weißem Stein (S. 141),
Zahltag für die Gebeine (S. 142),
Die Spinne (S. 143),
Der gefährlichste Augenblick des Lebens (S. 144),
Aus: Gedichte. Zweisprachig. Aus dem Spanischen von H. M. Enzensberger. Frankfurt am Main 1963, S. 25; 57; 9; 51.
Abdruck mit freundlicher Genehmigung des Suhrkamp Verlags, Frankfurt am Main.

FRANÇOIS VILLON
Die Ballade von der schönen Stadt Moorah (S. 164).
Aus: Balladen und Lieder. Nachdichtung von Paul Zech. Verlag Rudolf R. Zech, Berlin, 1947.
Abdruck der deutschen Übersetzung mit freundlicher Genehmigung von Frau Ruth Bollinger-Zech, Thun/Schweiz.

WALT WHITMAN
Grass/Gras (S. 68),
Respondez (S. 135),
Ich sitze da und schaue (S. 140),
Als den gelehrten Astronomen ich hörte (S. 160).
Aus: Grashalme. Aus dem Amerikanischen von Georg Goyert. Berlin 1948.
Abdruck der deutschen Übersetzung mit freundlicher Genehmigung des Lothar Blauvalet Verlags, Berlin.